LA CHINE
en 100 questions

Du même auteur

Chine-Japon. L'affrontement, Paris, Perrin, 2006.

Le Japon en 100 questions. Un modèle en déclin ?, Paris, Tallandier, 2020.

VALÉRIE NIQUET

LA CHINE en 100 questions

La puissance ou les failles

TEXTO

Texto est une collection des éditions Tallandier

48, rue du Faubourg-Montmartre – 75009 Paris
www.tallandier.com

À mon père.

Introduction

Que représente la puissance chinoise ? Comment l'évaluer au plus près de la réalité ? Depuis des siècles, la Chine fascine par sa masse, son poids démographique, son apparente altérité qui brouille les analyses. Cette fascination a fait de la Chine un objet de fantasmes qui concentre aussi les peurs et les attentes exagérées de nos discours politiques. Longtemps, elle a peu pesé sur la scène internationale et sa méconnaissance ne portait pas à conséquence. Ce n'est plus vrai, et comprendre cette puissance dans toutes ses dimensions est devenu vital pour mieux saisir les évolutions du monde contemporain. En 2020, la pandémie de Covid-19 qui s'est répandue dans le monde entier depuis Wuhan, causant plusieurs millions de morts et plusieurs centaines de millions d'euros de perte économique, est venue nous le rappeler. La Chine est aujourd'hui un géant globalisé, mais un géant dont les dysfonctionnements internes menacent la planète entière.

Pendant des décennies, celles de la croissance à deux chiffres, l'image d'une Chine émergeant comme le nouveau centre du monde dans un retour « naturel » à la suprématie de l'empire du Milieu s'est imposée, faisant oublier la nature d'un système politique dont les fondamentaux léninistes n'ont pas changé. Le gigantisme des mégalopoles, la modernité appa-

La Chine contemporaine

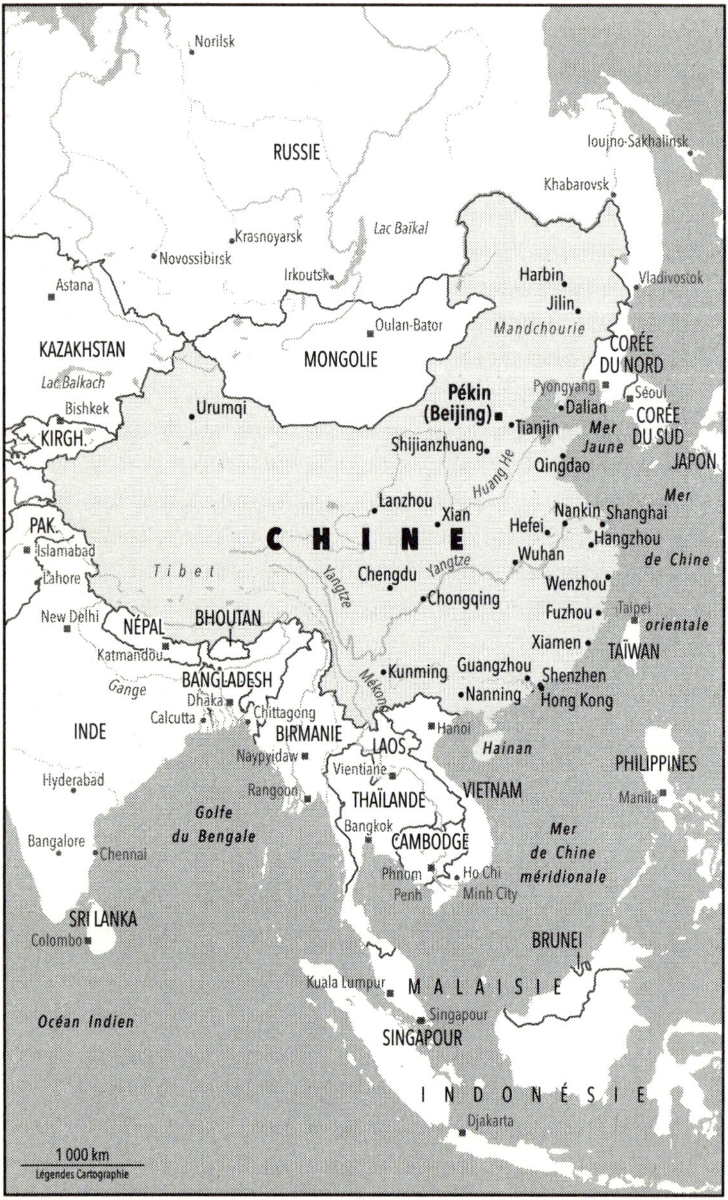

rente, l'indéniable dynamisme économique ont nourri cette fascination[1].

Dans le même temps, les succès sont réels, 500 millions de personnes sont sorties de la grande pauvreté depuis 1980, même si, selon une étude récente, ces progrès sont surtout un rattrapage, réparant les conséquences des tragédies maoïstes qui ont plombé la croissance et causé des dizaines de millions de morts de 1949 à 1979. Formidable revanche sur l'histoire, la Chine est aussi la deuxième puissance économique mondiale, la première puissance exportatrice, le premier importateur de pétrole et de matières premières. Le budget de ses forces armées, en progression constante même en période de pandémie, la place au deuxième rang derrière les États-Unis. Son marché, ses échanges, mais aussi les priorités définies par ses dirigeants, ses choix stratégiques et ses limites pèsent sur l'avenir du monde.

Pourtant, le ralentissement significatif de la croissance économique, que l'on constate depuis 2015, a entraîné un brutal retour de balancier, et pour certains l'or du miracle économique chinois se transforme en plomb. Après avoir encensé une Chine promue leader de la croissance mondiale et sauveur de nos économies en crise, la viabilité de ce modèle s'est trouvée remise en cause. En dépit des apparences, la crise du Covid-19 en 2020 n'a rien changé à ce constat. La Chine a bien

1. De 2011 à 2013, la Chine a produit et utilisé autant de ciment que les États-Unis pendant toute la durée du XXe siècle. George Will, « The Bill for China's Flawed Ascent is Coming Due », *The Japan Times*, 21 janvier 2017.

été la seule des grandes économies à connaître une croissance positive, légèrement supérieure à 2 % en 2020. Mais ces chiffres, toujours sujets à caution, sont trompeurs. Pour le pouvoir chinois, il était essentiel que le pays s'en sorte mieux que les démocraties occidentales pour faire oublier les responsabilités initiales et le coût humain de la pandémie. Mais les recettes – investissements massifs et exportations –, surfant sur les besoins nés de la Covid-19 dans le reste du monde, sont éculées et la croissance intérieure n'a toujours pas pris le relais.

En effet, la Chine souffre de nombreuses faiblesses : faillite des valeurs morales, corruption, contrôle politique renforcé, fatalisme, qui vont bien au-delà des simples enjeux économiques[1]. Si la gestion de la crise du Covid-19, avec un nombre de morts limité, au prix d'une mise sous cloche de l'ensemble du pays et de mesures de contrôle draconiennes, suscite une forme d'adhésion, la volonté initiale des autorités de masquer la vérité, révélatrice des dysfonctionnements du système politique, est jugée avec sévérité. Les Chinois sont conscients de ces limites, y compris au sein de l'appareil communiste. Mais avec Xi Jinping, la mise en œuvre de réformes indispensables est paralysée, malgré le pragmatisme dont le régime a longtemps su faire preuve. À nouveau, c'est l'idéologie qui l'emporte pour éviter toute évolution aboutissant à un affaiblissement de la dictature du Parti communiste.

1. Xue Li, « Pitfalls in the Next Stage of China Rise », *Financial Times*, 8 octobre 2015.

Au niveau local, le pouvoir fait face à une résistance molle de la part de fonctionnaires qui ont perdu beaucoup de leur motivation compte tenu de la lutte contre la corruption. Plus grave, pour échapper aux condamnations, la volonté de dissimulation des éléments négatifs, comme l'émergence d'une épidémie, s'est accrue. Au niveau central, la priorité demeure la survie du système de Parti unique et non sa transformation graduelle en un système plus ouvert. Les objectifs de réforme et de développement sont subordonnés à cette exigence qui tient lieu de stratégie à long terme.

Pour les dirigeants chinois, le contre-exemple de l'effondrement de l'URSS de Mikhaïl Gorbatchev demeure présent dans les esprits[1]. La République populaire de Chine (RPC) est confrontée à des défis considérables. Ne pas réformer, c'est prendre le risque d'une aggravation des blocages dont souffre le pays. À l'inverse, réformer, c'est prendre le risque de mesures qui touchent au cœur du fonctionnement du régime. En la matière, le président Xi Jinping, comme un nouveau Léonid Brejnev, s'est prononcé avec force : les réformes sont un danger trop grave et la priorité est au retour à la toute-puissance totalitaire du Parti communiste.

La période de rattrapage inaugurée par Deng Xiaoping à la fin des années 1970, fondée sur un grand pragmatisme, qui a apporté une immense bouffée d'air et de dynamisme dans une société ne demandant qu'à s'enrichir, est désormais terminée et les défis s'accu-

1. L'un des premiers discours du président Xi Jinping devant les instances du Parti en 2012 a été de dénoncer ceux qui, en URSS, n'ont pas eu le courage et la force de sauver le régime.

mulent. La croissance démographique, après plus de trente années d'une politique de l'enfant unique dont personne ne prévoyait les effets délétères, ralentit fortement en dépit de son abandon. Pékin ne bénéficiera bientôt plus de ce formidable atout d'une main-d'œuvre jeune, bon marché et apparemment inépuisable. L'efficacité des investissements et du crédit – qui continuent d'augmenter massivement – a été divisée par deux depuis 2007, signe que le modèle économique patine[1]. Désormais, les enjeux sont plus complexes, les effets négatifs du laisser-faire et de l'absence de transparence du système légal se font ressentir.

Si l'on prend en compte les chiffres de la richesse nationale par habitant, la Chine se situe encore derrière la Russie, le Venezuela ou la Roumanie, et ses besoins de croissance demeurent considérables pour rééquilibrer les graves inégalités sociales qui pèsent sur la consommation. Si les attentes de la population sont énormes, les rêves d'enrichissement sont plus difficiles à assouvir pour les nouvelles générations, qui n'ont pas connu les privations du passé. Dans toutes les couches de la société, bien que l'immigration joue le rôle d'une soupape de sécurité, les frustrations s'accumulent, même si elles ne peuvent s'exprimer librement car soumises à une censure technologique de plus en plus sévère.

1. Zhang Longmei, « Rebalancing China, Progress and Prospects », *IMF Working Paper*, WP/16/183, septembre 2016, https://www.imf.org/external/pubs/ft/wp/2016/wp16183.pdf.

Nommé à la tête du Parti en 2012 et président de la République en 2013, Xi Jinping[1] a déçu tous les espoirs de réformes économiques et politiques. Le pouvoir choisit la voie de l'immobilisme, de la concentration de l'autorité, de la répression et d'un nationalisme revanchard altérant considérablement l'image de la Chine dans sa région et au-delà. Pour l'Europe, c'est désormais un « rival systémique » et, après le départ de Donald Trump, c'est le consensus sur sa stratégie de la pression contre le pouvoir chinois qui l'emporte. La crise du Covid-19, avec le choix d'une diplomatie agressive du « loup combattant » ou « loup guerrier », a renforcé cette tendance et le pourcentage de perception négative de la puissance chinoise dans le monde dépasse aujourd'hui les 70 %.

Pour assurer la survie du régime, Xi Jinping s'appuie sur un rêve de grandeur destiné à souder la nation derrière le Parti et son chef, et remet en cause le principe de « modestie » qui avait été celui des dirigeants chinois depuis Deng Xiaoping[2]. Pour le dirigeant chinois, le monde a connu des bouleversements comme « jamais depuis un siècle », et ces bouleversements sont aussi une opportunité pour imposer les ambitions chinoises. Si la Chine n'a sans doute pas comme objectif de « dominer le monde », elle veut avoir les moyens d'affaiblir et d'exclure le grand rival américain de sa zone

1. Xi Jinping, né en 1953, a été secrétaire général et président de la Commission militaire centrale du Parti communiste chinois, ainsi que président de la République populaire de Chine (RPC).

2. Deng Xiaoping (1904-1997), secrétaire général du Parti communiste chinois de 1956 à 1967, devint numéro un de la RPC de 1978 à 1992.

d'influence en Asie. Cet objectif, au service de la survie du régime, détermine l'ensemble des choix stratégiques de Pékin.

Ce rêve de retour vers le passé, époque de grandeur interrompue par l'irruption des puissances occidentales au XIXe siècle, engendre des tensions dans une région qui s'est transformée à la fin de la Seconde Guerre mondiale. La crainte est de voir la Chine se tourner vers les aventures extérieures, au premier rang desquelles Taïwan, comme ultime source de légitimité, passant du statut de « partenaire responsable » à celui de perturbateur de l'ordre international, qu'il soit économique ou stratégique.

Les difficultés que le système chinois connaît en dépit des apparences de la puissance sont-elles le signe d'un déclin à terme inéluctable sans transformation profonde ? Le régime pourra-t-il s'extraire de la tyrannie du court terme, qui exige une forte croissance à n'importe quel prix pour préserver la légitimité du système ? Le président Xi Jinping a promis de faire de la Chine une puissance « modérément développée » en 2021, centième anniversaire de la création du Parti communiste chinois. Certes, le revenu moyen a progressé, mais les inégalités demeurent immenses et il n'est pas certain que la Chine échappe au piège du *middle income trap*. Le choix du repli autoritaire et de l'exaltation nationaliste autour du rêve chinois peuvent-ils encore évoluer sans catastrophe majeure vers une attitude plus favorable à l'intégration de la Chine au système international ? Les réponses apportées par Pékin auront des répercussions sur l'ensemble du système mondial.

De l'histoire, qui fonde la vision contemporaine et le discours de retour à la prééminence du pouvoir chinois, à la dimension culturelle et idéologique, des enjeux économiques et politiques aux conséquences sur le système international des évolutions du système, les 100 questions qui rythment cet essai n'ont pas l'ambition d'être exhaustives. Elles ont pour objectif d'éclairer son fonctionnement et d'analyser les idées reçues qui brouillent l'analyse d'une puissance ayant trop longtemps fait l'objet d'une fascination sans recul. La Chine a certes des atouts, le régime a fait dans le passé la preuve de sa capacité à se réformer, mais les blocages à surmonter sont considérables. C'est toutefois essentiel, sous peine de rester, pour le système international, non plus un moteur de croissance et une source d'opportunités, mais un problème majeur.

HISTOIRE

La Chine à l'époque de la dynastie Ming (1368-1644)

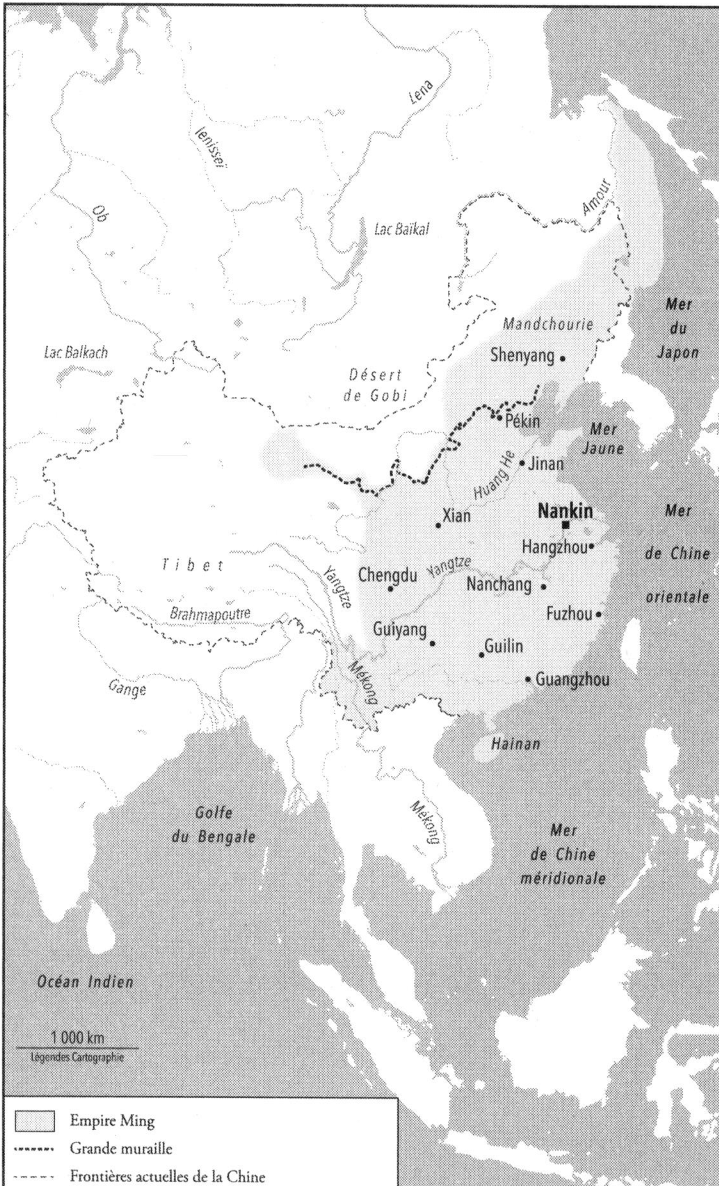

1

La Chine dans l'histoire : État ou concept ?

Qu'est-ce que la Chine ? *Zhongguo*, qui la désigne en chinois, est composé de deux caractères (中国) qui signifient « centre » ou « milieu » et « pays » ou « État ». Le terme est ancien, on le trouve mentionné dès la plus haute Antiquité, sous la dynastie des Zhou (1046-256 av. J.-C.), mais son acception, jusqu'au XIXe siècle, était très éloignée du concept moderne d'État-nation.

Dans l'Antiquité, *Zhongguo* pouvait désigner l'ensemble des clans les plus proches du souverain, installés dans la boucle du fleuve Jaune, l'un des berceaux de la civilisation chinoise. Une distinction fondamentale était établie entre l'espace de la « civilisation[1] » et les espaces barbares plus éloignés du cœur du pouvoir. Pourtant, ce n'est pas le terme *Zhongguo* qui est utilisé pour désigner l'Empire céleste[2] en Occident, mais « Chine », sans doute dérivé du nom de la première dynastie impériale des Qin (221-206). Les dynasties successives imposaient leur nom au monde sur lequel l'Empereur, détenteur du

1. *Wen* (文).
2. *Tianchao* (天朝).

« mandat du Ciel[1] », exerçait son autorité. Ainsi, sous la dernière dynastie des Qing, qui régna de 1644 à 1911, la Chine était le « grand Empire Qing[2] ».

Par-delà les contingences historiques, la Chine était aussi un système de valeurs et une culture qui, contrairement aux civilisations plus anciennes comme celle de l'Égypte pharaonique, s'est perpétuée à travers les siècles en s'appuyant sur un système d'écriture préservé, celui des caractères chinois toujours en usage.

À la fin du XIXe siècle, alors que l'Empire était soumis aux pressions des puissances occidentales et qu'il subissait une défaite humiliante face au Japon, ceux qui voulaient le sauver en mettant en œuvre des réformes inspirées du Japon de Meiji déploraient que la Chine fût un État sans nom, reflet de sa faiblesse et de l'absence de conscience nationale.

La dernière dynastie mandchoue, depuis le traité de Nerchinsk signé en 1689 avec la Russie, utilisait parfois le terme de *Zhongguo* dans les documents diplomatiques pour désigner l'espace de souveraineté revendiqué par l'Empire. Ce terme, porteur d'une dimension historique, s'est imposé pour désigner la Chine et accompagner, au début du XXe siècle, le rêve de renaissance de la puissance chinoise. Le fait qu'il n'ait pas été repris dans les langues occidentales, qui ont conservé leurs propres appellations, démontre la dichotomie qui subsiste entre la Chine vue de l'extérieur et le monde chinois, tel qu'il se perçoit – et se nomme – de l'intérieur.

---

1. *Tianming* (天命).
2. *Daqingguo* (大清国).

2

La Chine, un Empire sans frontières ?

Selon la conception chinoise ancienne, préservée comme idéal pendant toute la période impériale, la Chine était le monde, la totalité de « l'espace sous le Ciel[1] » sur lequel régnait l'empereur. Toutefois, dans ce monde sans frontières définies, l'espace chinois a connu des périodes d'unité et d'expansion territoriale, mais aussi de longues périodes de division et de retrait.

Les dynasties « étrangères » occupaient leurs territoires hors du monde chinois avant de se « siniser », certaines dynasties « chinoises » ont étendu leur zone d'influence, comme la dynastie des Han (206 av. J.-C./220 ap. J.-C.), qui a donné son nom à la nation chinoise au sens « ethnique » du terme. D'autres, au contraire, comme les Song du Sud (1127-1279), se sont repliées sur un territoire plus restreint.

La Grande Muraille, constituée d'éléments défensifs consolidés au cours des siècles, marquait une frontière symbolique avec les mondes nomades des « barbares » venus du Nord. Aux confins de l'Ouest et de l'Asie centrale, le long des routes de la soie, des colonies de soldats-paysans établissaient une présence discontinue.

1. *Tianxia* (天下) signifie « tout ce qui se trouve sous le Ciel ».

Au-delà du fleuve Bleu, le Yangzi, vers le sud, l'espace contrôlé a longtemps été soumis aux divisions entre les dynasties du Nord et celles du Sud. L'autorité de l'empereur diminuait avec la distance. La bureaucratie impériale constituait dans les provinces des fiefs de pouvoir semi-indépendants et la menace de fragmentation, renforcée par des particularismes locaux marqués, pesait sur l'Empire comme elle pèse sur la puissance chinoise aujourd'hui au-delà de la fiction d'une unité séculaire.

La fiction d'un espace universel, dans lequel l'ensemble des États reconnaissait la suprématie de l'empereur de Chine en versant un tribut, s'est perpétuée jusqu'à la chute de l'Empire en 1911. La référence au principe du *tianxia* a été préservée, et aujourd'hui encore Pékin recherche dans ce concept ancien les fondements d'un retour « harmonieux » du *leadership* chinois en Asie.

Ce n'est qu'à la fin de la dernière dynastie mandchoue des Qing, alors que l'Empire entre en contact avec les États-nations occidentaux soucieux de délimiter leurs zones d'influence, que l'ensemble des espaces marginaux composant l'Empire ont été administrativement inclus dans « l'empire du Milieu » tout en restant distincts de l'espace historique des quinze provinces « chinoises », sur lesquelles s'exerçait l'autorité impériale avant la conquête mandchoue. Dans l'histoire, la définition de l'espace géographique de la Chine a donc recouvert des réalités diverses mal définies, ce jusqu'à une période récente.

3

Qu'est-ce que le monde sinisé ?

Dès la dynastie des Han (206 av. J.-C./220 ap. J.-C.), le monde chinois s'étend du nord de la péninsule coréenne aux franges septentrionales de l'actuel Vietnam. Cette extension de l'espace territorial s'est accompagné en Asie de l'Est d'un phénomène d'acculturation, proche de ce que l'Europe romaine a connu, qui donne naissance au monde sinisé.

La péninsule coréenne, le nord de la péninsule indochinoise, puis le Japon, par l'intermédiaire des royaumes coréens soumis à l'influence de la culture chinoise, ont été incorporés au monde sinisé, partageant des valeurs, des pratiques culturelles et des croyances qui ont influencé l'organisation politique et sociale de ces entités politiques demeurées en dehors de l'espace chinois proprement dit.

Plusieurs éléments caractérisent cette culture dominante étendue à l'ensemble du monde sinisé. L'écriture en est le premier élément commun. Les caractères chinois élaborés à partir du IIe millénaire avant notre ère et unifiés dès le IIIe siècle av. J.-C se sont imposés dans un monde qui ne possédait pas de système d'écriture. Le principe de l'écriture chinoise, où chaque caractère possède un sens mais peut être prononcé librement, a grandement contribué à l'unification – dans le monde des élites – de cet espace sinisé.

Vecteur de civilisation et de culture, la langue chinoise a permis la diffusion d'un corpus philosophique où le confucianisme, devenu doctrine d'État sous les Han, a joué un rôle majeur, façonnant l'organisation politique et les rapports sociaux. L'influence de la Chine s'est faite également sentir dans les codes juridiques adoptés, ou plus prosaïquement les principes d'urbanisme ou les modes de consommation de la nourriture avec l'utilisation des baguettes.

Mais les pays d'Asie de l'Est, qui avaient conservé ou retrouvé un statut d'autonomie politique dans le cadre du système tributaire, ont développé une identité spécifique, s'affranchissant progressivement de la tutelle du modèle chinois. Là encore, c'est par l'écriture que cette autonomie s'est affirmée. Dès le IXe siècle au Japon, les kanas sont introduits parallèlement aux caractères chinois. Grâce à ce système de transcription, une littérature de cour purement japonaise naîtra au XIe siècle. Le royaume de Yi occupe alors une partie importante de la péninsule coréenne. C'est là que le roi Sejong créera au XVe siècle le système de transcription national hangul. Enfin, au Vietnam, au XVIIe siècle, un système de transcription romanisé, élaboré par les missionnaires jésuites, s'imposera peu à peu.

L'appartenance au monde sinisé n'a donc pas interdit l'émergence de particularités nationales. Pourtant, de nos jours, à Pékin, le discours sur la renaissance de la puissance chinoise s'appuie sur un rêve de retour au passé, où la prédominance culturelle et politique de l'Empire de Chine était unanimement reconnue dans l'ensemble du monde sinisé.

4

D'où viennent les minorités nationales ?

C'est dans les zones frontières les plus récemment intégrées à l'espace chinois que se trouvent les régions de minorités nationales. Elles représentent moins de 10 % de la population chinoise mais occupent plus de la moitié du territoire. Le contrôle de ces espaces, de la Mandchourie au nord-est, au Tibet sur les contreforts de l'Himalaya, en passant par la Mongolie au nord, le Xinjiang à l'ouest et les franges méridionales dont l'inclusion dans le monde chinois a accompagné l'émergence, à la fin du XIXe siècle, du concept d'État-nation, est longtemps demeuré plus formel que réel. La première révolution chinoise de 1911 prônait « l'unité des cinq races » rassemblant les Hans, les Mandchous, les Mongols, les Tibétains et les musulmans. Mais, dans la première moitié du XXe siècle, le contrôle du territoire s'amoindrit, alors que la Chine sombre dans la guerre civile et que le pays, à nouveau divisé, passe sous la coupe des seigneurs de la guerre et subit de multiples agressions.

Aujourd'hui, les références à la dernière dynastie des Qing (1644-1911), dont l'espace territorial était le plus étendu dans l'histoire de la Chine, justifient la légitimité du contrôle que Pékin exerce, ou revendique, sur un territoire allant bien au-delà des limites traditionnelles de la Chine proprement dite. Si les Mandchous se sont fondus dans la population chinoise han, les trois autres grandes minorités ont conservé des spécificités et un territoire consolidé avec la création des « régions autonomes » par le pouvoir communiste chinois, inspirées du modèle soviétique. À l'ouest, la région du Xinjiang, « nouveau territoire » en chinois, constitue l'espace le plus vaste. Il est peuplé de minorités turcophones, les Ouïghours, dont la culture et la religion demeurent celles de l'Asie centrale.

Le Tibet a entretenu des relations parfois d'alliance, souvent conflictuelles, avec les dynasties qui se sont succédé dans l'espace chinois. Certaines, comme la dynastie mongole des Yuan, et la dynastie mandchoue des Qing, ont suivi les règles du bouddhisme lamaïste en vigueur au Tibet. L'espace que couvre de nos jours la région autonome du Tibet est moins étendu que celui de l'ère culturelle tibétaine, héritée d'un Empire qui, jusqu'au IXe siècle de notre ère, a dominé une zone s'étendant aux confins de la province du Sichuan actuel.

Enfin, la région autonome de Mongolie-Intérieure, héritière d'un vaste Empire qui, entre le XIIIe et le XIVe siècle a dominé la Chine, est constituée des franges méridionales de l'espace mongol qui n'ont pas rejoint la Mongolie-Extérieure, indépendante depuis 1911, à la chute de l'Empire mandchou.

Pour la République de Chine hier et la République populaire de Chine aujourd'hui, l'ensemble de ces territoires et de ces minorités est inclus dans une « nation chinoise », inscrite dans un territoire qui se veut multiethnique en dépit de l'écrasante supériorité démographique des Hans.

Dans une volonté d'assimilation, le pouvoir accentue la répression de toute expression culturelle ou religieuse et renforce depuis l'arrivée au pouvoir de Xi Jinping une exploitation économique de type colonial, fondée sur le travail forcé, notamment au Xinjiang.

5

La Chine a-t-elle été une grande puissance maritime ?

En 2005, la Chine a célébré avec faste le six centième anniversaire des expéditions de l'amiral Zheng He, symbole d'un glorieux passé maritime sur lequel Pékin souhaite fonder la renaissance de sa puissance navale. Au début du XVe siècle, dans les premières années de la dynastie des Ming, entre 1405 et 1433, l'empereur Yongle a confié l'organisation de sept expéditions vers l'Asie du Sud-Est, l'océan Indien et les côtes d'Afrique à Zheng He, un eunuque musulman d'origine persane.

Les expéditions suivent les anciennes routes commerciales ouvertes par les dynasties chinoises précédentes pour commercer avec le monde arabe. Yongle voulait étendre le système tributaire et l'influence de l'Empire dans l'océan Indien jusqu'à la péninsule Arabique et aux côtes orientales de l'Afrique. Si les voies ne sont pas nouvelles, l'importance de la flotte, composée de centaines de bâtiments et de dizaines de milliers d'hommes, était semble-t-il impressionnante.

Les expéditions de Zheng He marquent toutefois la fin des aventures maritimes de la Chine impériale. Dénoncées par les successeurs de Yongle comme étant contraires aux principes confucéens du bon gouvernement, les expéditions ont été interrompues. Alors que, après une période de paix, les ressources de l'Empire sont de nouveau mobilisées contre la menace des tribus nomades du Nord, des édits d'interdiction du commerce maritime sont imposés par la dynastie des Ming, puis par celle des Qing. Les flottes et les chantiers navals sont sabordés et les ports privés d'accès. Pour lutter contre le fléau endémique de la piraterie, les côtes sont vidées de leurs habitants.

Le commerce maritime régional se maintient autour d'initiatives privées et ceux qui s'y livrent encourent potentiellement la peine de mort. Enfin, les possessions maritimes de l'Empire, dont l'île de Taïwan, ont toujours été considérées comme marginales, lieu d'exil pour les bannis, refuge pour les rebelles hostiles à la nouvelle dynastie mandchoue des Qing.

Face à l'irruption des puissances occidentales, puis japonaises, dans la seconde moitié du XIXe siècle, la puissance chinoise ne parvient pas à affronter cette menace venue de la mer et l'absence de marine moderne a contribué à l'effondrement rapide de l'Empire. Si l'utilisation par l'impératrice Cixi (1835-1908) des fonds destinés à l'acquisition d'une flotte moderne pour la construction d'un bateau de marbre dans les jardins du palais d'été à Pékin est sans doute apocryphe, cette légende symbolise l'incapacité de la Chine, jusqu'à très récemment, de se pourvoir des véritables moyens de la puissance, notamment navale. En se dotant, quatre-vingt-dix ans après le Japon, de son premier porte-avions, Pékin a cherché à effacer cette humiliation.

6

Pourquoi l'ouverture au monde occidental a-t-elle été un traumatisme ?

Dans un discours prononcé en 2015 à l'occasion du soixante-dixième anniversaire de la fin de la Seconde Guerre mondiale en Asie, le président Xi Jinping a déclaré : « Cette victoire a mis fin à l'humiliation nationale de la Chine et à la série de défaites subies face aux agressions étrangères. » En 1949, Mao Zedong lui-même proclamait du haut de la porte Tiananmen à Pékin, pour annoncer l'instauration de la République populaire de Chine (RPC), que « la Chine s'est levée ».

Le discours sur l'humiliation nationale subie au contact du monde extérieur est donc récurrent. Consubstantiel du discours de légitimité du Parti communiste chinois, il s'appuie sur le traumatisme historique de la prise de conscience brutale, au XIXe siècle, de la faiblesse d'un Empire qui se concevait comme tout-puissant. Les dynasties étrangères, qui se sont imposées au cours de l'histoire chinoise, Yuan mongols ou Qing mandchous, s'étaient soumises aux valeurs d'une culture chinoise dominante. Ce mode de fonctionnement a perpétué l'idée de la supériorité de la civilisation chinoise.

Au centre de l'univers, l'empereur ne concevait le monde que comme un vaste espace où les États tributaires reconnaissaient la légitimité de sa suzeraineté bienveillante. Longtemps quasi inconnu, le monde occidental faisait partie des marges, éloignées mais également soumises, en théorie, aux règles de l'Empire céleste. Porteurs de science et de présents, les missionnaires jésuites, introduits à la cour entre le XVIe et le XVIIIe siècle, respectent cette fiction. Seul, en 1792, Lord Macartney, ambassadeur du Royaume-Uni, refuse de se plier aux rites du *kowtow*[1]. En guise de réponse, l'empereur Qianlong rejette les demandes de concessions commerciales qu'il juge dangereuses et inutiles pour un Empire chinois qui « possédait toutes les richesses nécessaires ».

Moins d'un demi-siècle plus tard, l'ouverture forcée du territoire aux intérêts étrangers, imposée par les guerres de l'opium entre 1839 et 1860, constitue pour la dynastie toujours au pouvoir un choc majeur. Face à un corps expéditionnaire étranger réduit, mais décidé à imposer l'ouverture du territoire au commerce de l'opium produit en Inde, et aux échanges extérieurs, les armées impériales sont défaites, et le mythe de la supériorité de l'Empire est brisé.

Les traités inégaux imposés par les puissances occidentales ouvrent la voie à une présence étrangère durable à laquelle la dynastie n'a pu s'opposer.

1. Le *kowtow* (叩頭) est un signe de profond respect consistant pour la personne qui l'exécute à se mettre à genoux et à s'incliner de manière que sa tête touche le sol. Cette pratique symbolise l'acceptation de l'ordre du monde défini par la Chine.

L'irruption de l'Occident, au milieu du XIXe siècle, a donc été perçue par les élites dirigeantes comme un défi absolu. Leur seule réponse a été la mobilisation d'un nationalisme xénophobe, parfois violent comme lors de la révolte des Boxers en 1900, encouragée par les éléments les plus conservateurs de la cour.

7

Comment expliquer la fragilité de la République de Chine après 1911 ?

En 1911, le système dynastique, usé et incapable de se réformer, s'effondre, alors que les soulèvements antimandchous, encouragés par les élites bureaucratiques et militaires et la bourgeoisie des grandes villes côtières, soutenue par les communautés chinoises d'outre-mer, se multiplient sur l'ensemble du territoire. Dans cette agitation devenue endémique, le 10 octobre, le soulèvement de Wuchang marque la date officielle de la première révolution chinoise.

Sun Yat-sen, à la tête du Tongmenhui, association de groupes d'opposition, dont l'objectif était de chasser les Mandchous, de proclamer la République et de procéder à une réforme agraire, est nommé premier président de la République de Chine le 29 décembre. L'abdication de Pu Yi, le dernier très jeune empereur, est effective le 12 février 1912. En 1913, les premières élections parlementaires démocratiques voient la victoire du Parti nationaliste Kuomintang nouvellement créé.

Mais si la République a pu rapidement être instaurée, la révolution ouvre une période de troubles qui affaiblissent un peu plus la Chine dans la première moitié du XXe siècle. Les divisions au sein des groupes révolutionnaires s'accentuent, certains souhaitant la restauration d'une dynastie « chinoise ». Sun Yat-sen, remplacé au mois de mars 1912 à la présidence de la République par Yuan Shikai, un haut fonctionnaire militaire de l'ancienne cour de la dynastie des Qing, regagne provisoirement le Japon, alors refuge des révolutionnaires nationalistes d'Asie.

Dès 1915, sans gouvernement central reconnu, la Chine se divise le long de lignes de fractures traditionnelles, claniques et provinciales, entre les seigneurs de la guerre à la tête d'armées privées. Installé au sud, à Canton, le Kuomintang[1] est incapable d'imposer son pouvoir à l'ensemble du territoire. Tout en marquant la fin d'un système dynastique vieux de plus de deux mille ans, la révolution de 1911 ne permet pas d'enrayer le déclin dans lequel la Chine, « homme malade de l'Asie », s'est engagée depuis le XIXe siècle. Le Parti communiste chinois, porteur d'un nouveau modèle révolutionnaire plus radical, se construira sur cet échec.

1. Plus ancien parti politique de la Chine contemporaine, le Kuomintang (國民黨) signifie littéralement « Parti nationaliste chinois ».

8

Quelle est la portée des « 21 demandes » du Japon à la Chine en 1915 ?

Cette décomposition accélérée de l'espace chinois ouvre la voie à de nouvelles agressions de la part des puissances étrangères qui y voient l'opportunité d'affirmer leurs intérêts en jouant des divisions entre chefs de guerre locaux. Alors qu'à Pékin Yuan Shikai tente de rétablir l'Empire en instaurant sa propre dynastie, le Japon, à la faveur de la Première Guerre mondiale à laquelle il participe aux côtés de la France et de la Grande-Bretagne, s'empare des possessions allemandes de la province du Shandong après le siège de Qingdao au mois de novembre 1914.

Dès 1915, le Japon, qui a déjà obtenu d'importantes concessions, dont l'île de Taïwan, de l'Empire des Qing à la suite de la première guerre sino-japonaise de 1895, soumet à Yuan Shikai une liste de 21 nouvelles demandes. Tokyo exige la reconnaissance de ses acquisitions dans le Shandong et l'extension de son contrôle sur la Mandchourie. Affaibli, le pouvoir chinois à Pékin accepte une liste légèrement réduite de treize demandes, dont la reconnaissance des possessions japonaises dans le Shandong, par un traité signé au mois de mai 1915.

En 1917, la Chine entre à son tour en guerre contre l'Allemagne aux côtés des Alliés. De nombreux travailleurs chinois sont alors envoyés en France, à l'arrière du front, pour des travaux de soutien logistique. Pourtant, en 1919, le traité de Versailles entérine les demandes japonaises en attribuant à Tokyo les possessions allemandes du Shandong, allongeant ainsi la liste des humiliations auxquelles la Chine est soumise.

Modèle réformiste pour un monde asiatique en quête d'une modernité non occidentale, le Japon deviendra de par ses exigences, inspirées de celles des autres grandes puissances impériales du moment, la première cible du sentiment patriotique en Chine.

9

Le mouvement du 4 mai 1919 marque-t-il la naissance du patriotisme chinois ?

Le 4 mai 1919, des milliers d'étudiants manifestent à Pékin. Ils s'opposent aux conclusions du traité de Versailles et, surtout, dénoncent l'incapacité du gouvernement chinois à défendre les intérêts de la Chine. Soutenus par les élites urbaines, économiques et intellectuelles, ils exigent l'abrogation des 21 demandes du Japon et le retour du Shandong à la Chine[1]. Première manifestation anti-japonaise de masse, ils appellent au boycott des produits japonais qui se sont imposés sur le marché chinois.

Au-delà, le mouvement du 4 mai marque l'émergence d'une dynamique patriotique et culturelle, dont l'objectif est – déjà – d'accompagner la renaissance de la Chine. Autour du mouvement de la Nouvelle Culture[2], les intellectuels exigent la transformation de la société et du modèle familial traditionnel et remettent en cause le système de valeurs confucianistes. Ils prônent l'usage

1. Voir la question 8, « Quelle est la portée des "21 demandes" du Japon à la Chine en 1915 ? », p. 37.
2. *Xin wenhua* (新文化).

de la langue parlée dans les textes écrits ainsi qu'une réforme de l'éducation. Enfin, ils défendent la mise en œuvre de principes démocratiques, trahis selon eux par les échecs de la révolution de 1911.

Première grande manifestation du patriotisme chinois, le mouvement du 4 mai incarne les mouvements de protestations de la jeunesse à la fois contre les agressions étrangères et contre les pouvoirs successifs qui se sont révélés incapables de « défendre la Chine ». À ce titre, il possède une double dimension inquiétante pour les autorités, bien que le 4 mai soit toujours célébré en RPC comme « jour de la jeunesse ». Lors des manifestations pour la démocratie à Pékin en 1989, les étudiants, comme leurs prédécesseurs de 1919, appelaient à l'avènement de « Madame Démocratie ».

10

Qui était vraiment Chiang Kai-shek ?

Tandis que la Chine s'enfonce dans le chaos, les forces politiques, qui vont s'affronter jusqu'à la victoire du Parti communiste en 1949, se mettent en place. À Canton, Chiang Kai-shek[1], un officier éduqué au Japon et membre du Kuomintang, est nommé par Sun Yat-sen[2] à la tête de l'académie militaire de Whampoa, créée en 1924. La mission de Chiang consiste à créer une armée nationaliste moderne, capable de réunifier la Chine, avec l'aide des conseillers soviétiques qui soutiennent les deux forces révolutionnaires communistes et nationalistes dans une stratégie de front uni. Symbole de cette stratégie de front uni, Zhou Enlai[3],

---

1. Chiang Kai-shek (1887-1975), militaire et homme politique chinois, a été l'un des principaux représentants du Kuomintang après la mort de Sun Yat-sen en 1925. Il a dirigé la République de Chine jusqu'à sa mort à Taïwan.

2. Sun Yat-sen (1866-1925), révolutionnaire et homme d'État chinois, est considéré comme le « père » de la Chine moderne. Son influence dans le renversement de la dynastie Qing et l'émergence de la République de Chine a été essentielle. Il est l'un des fondateurs du Kuomintang, et a été le premier président de la République de Chine en 1912.

3. Zhou Enlai (1898-1976) a été le premier Premier ministre de la RPC de 1949 jusqu'à sa mort, sous les ordres de Maò Zedong.

futur Premier ministre de la République populaire de Chine (RPC), est lui en charge du département d'études politiques de l'Académie.

À la mort de Sun Yat-sen, en 1925, Chiang Kai-shek le remplace à la tête du Kuomintang et lance en 1926 « l'expédition du Nord » qui permet en partie de réunifier la Chine sous l'autorité de son gouvernement installé à Nankin. En 1927, il rompt brutalement l'alliance avec le Parti communiste accusé d'être un instrument de l'Internationale communiste (Komintern). Idéologiquement, le gouvernement de Chiang Kai-shek s'éloigne de l'URSS et, à l'Académie militaire de Whampoa, les conseillers allemands remplacent les conseillers soviétiques.

Chiang Kai-shek reste à la tête de la République de Chine, sur le continent, jusqu'à la défaite des nationalistes en 1949, puis à Taïwan, où il se réfugie avec ses troupes jusqu'à sa mort en 1975. Longtemps critiqué pour ses choix politiques autoritaires, accusé, y compris par ses alliés américains, d'avoir choisi la lutte contre le mouvement communiste avant l'effort de guerre contre le Japon, la personalité du généralissime a été réévaluée en RPC.

Confronté aux tendances séparatistes qui se sont développées à Taïwan depuis la démocratisation de l'île à la fin des années 1980, le régime chinois réhabilite le régime nationaliste et Chiang Kai-shek, dont le principal mérite aux yeux de Pékin est d'avoir soutenu le principe de l'unicité de la Chine.

11

Quel a été le rôle de la Chine pendant la Seconde Guerre mondiale ?

Le 3 septembre 2015, Pékin a organisé un défilé militaire impressionnant pour « célébrer le soixante-dixième anniversaire de la victoire du peuple chinois sur le Japon et le fascisme mondial ». La Seconde Guerre mondiale est en effet au cœur de la geste du Parti communiste présenté comme la seule force de résistance et de libération du pays.

Sur le territoire chinois, la guerre a commencé officiellement en 1937 avec l'incident du pont Marco-Polo (Lukou qiao), qui oppose des éléments d'une importante garnison japonaise aux troupes chinoises, aux portes de Pékin, le 7 juillet 1937. Si les origines de l'incident demeurent obscures, les événements suivent le modèle que le Japon avait mis en œuvre en Mandchourie dès le début des années 1930. Un incident provoqué par une unité de l'armée du Kwangtung, chargée de protéger la voie de chemin de fer, dont le Japon avait obtenu la concession, avait servi alors de prétexte à l'invasion du Nord-Ouest chinois et abouti à la création d'un protectorat japonais, l'État fantoche du Mandchoukouo.

Dès lors, la Chine, affaiblie par une guerre civile opposant les groupes communistes aux autorités gouvernementales de Chiang Kai-shek, s'est trouvée confrontée à l'avancée rapide des forces japonaises qui, en quelques mois, s'emparent de Pékin, Shanghai, Nankin, puis Wuhan, Canton, Hong Kong et de toute la bande côtière, jusqu'à la frontière avec le Vietnam.

En dépit de cette avancée rapide, le Japon se trouve dans l'incapacité d'imposer une reddition aux autorités chinoises. Après avoir défendu Shanghai pendant des mois et abandonné la capitale Nanjing, le gouvernement de Chiang Kai-shek se réfugie à Chongqing, dans la lointaine province du Sichuan, pour échapper à l'anéantissement. Ce n'est qu'après Pearl Harbor que les forces républicaines reçoivent une aide plus importante des États-Unis. Les conseillers envoyés auprès de Chiang Kai-shek par Washington confortent toutefois l'image d'un régime corrompu et incapable de résister aux troupes japonaises. À l'inverse, les journalistes et les missions auprès des communistes retranchés dans leur bastion de Yan'an depuis 1935 reviennent convaincus de la supériorité morale et de la force de résistance des troupes de Mao Zedong.

Alors que la Chine nationaliste a été en première ligne dans le conflit mondial pendant plus de huit ans, la guerre du Pacifique entre les États-Unis et le Japon, puis la guerre civile et la victoire communiste de 1949 ont durablement éclipsé son rôle dans l'affaiblissement des forces japonaises, mobilisées pour tenir un territoire qu'elles n'occuperont jamais dans sa totalité.

12

Qu'est-ce que le « massacre de Nankin » ?

Le 13 décembre 2014, soixante-dix-sept ans après les événements, la RPC instaure le « jour du Souvenir du massacre de Nankin ». Cette décision tardive marque les ambiguïtés autour de la mémoire du massacre. Il existe en effet au moins deux dimensions. La première est celle de la réalité historique. Pendant près de deux mois, après la chute de Nankin, capitale de la Chine nationaliste, le 13 décembre 1937, les troupes japonaises se livrent à des exécutions massives, des viols et des pillages. Justifiées *a posteriori* par les autorités japonaises par la nécessité d'éliminer toute résistance de la part de soldats chinois ayant abandonné leur uniforme, les exactions touchent en réalité la population civile, y compris celle qui s'est réfugiée dans la zone internationale administrée par les quelques étrangers demeurés sur place.

Le nombre de morts demeure sujet à débats, mais les historiens japonais les plus sérieux s'accordent pour considérer que le massacre de Nankin aurait fait entre 100 000 et 200 000 victimes civiles et militaires, dans la ville même et ses alentours.

L'autre dimension est celle de son utilisation contemporaine en RPC. Cet événement dramatique constitue pour Pékin un facteur de légitimité et d'unité nationale fondé sur la revendication du statut de victime et le maintien du Japon dans sa position d'ennemi illégitime. Mais, paradoxalement, jusqu'à une période récente, le massacre ne constituait pas un sujet pour les dirigeants chinois. Pour Mao Zedong[1], à la tête du Parti communiste, Nankin n'était que la capitale du gouvernement nationaliste, et la mémoire du massacre aurait contribué à rappeler le rôle joué par les forces républicaines dans la lutte contre le Japon.

Dans les années 1970 et 1980, la Chine voulait se rapprocher de Tokyo pour des raisons stratégiques – face à une Union soviétique considérée comme la « menace principale » – et économiques. Par ailleurs, comme le déclarera cyniquement Mao Zedong au Premier ministre japonais Tanaka avant l'établissement des relations diplomatiques en 1972, c'est « grâce à l'invasion du Japon » que le Parti communiste a pu prendre le pouvoir sur un gouvernement nationaliste épuisé par huit années de guerre.

Il faut attendre 1985 pour qu'un premier monument soit construit par la municipalité de Nankin. L'importance accordée à la mémoire du massacre en Chine ira croissant avec l'instauration des « campagnes d'éducation patriotique » destinées à renforcer la légitimité du régime. Rénové en 1995, puis en 2005, le mémorial est devenu un espace imposant, où le chiffre

1. Mao Zedong (1893-1976), homme politique et chef militaire chinois, a fondé et dirigé la RPC.

officiel de 300 000 victimes, revendiqué par Pékin, est gravé dans la pierre en plusieurs langues. Il s'agit de perpétuer la mémoire du massacre et plus encore de la culpabilité du Japon. Ce monument joue un rôle majeur dans l'affirmation de puissance de la Chine aujourd'hui.

13

Comment le Parti communiste a-t-il pris le pouvoir ?

Le 1er octobre 1949, Mao Zedong proclame l'avènement de la RPC du haut de la porte Tiananmen à Pékin, devant la Cité interdite des anciens empereurs. Créé le 23 juillet 1921 à Shanghai avec le soutien des conseillers soviétiques du Komintern, le Parti communiste a mis moins de trois décennies pour s'imposer dans une Chine minée par les divisions, la guerre civile et la guerre contre le Japon[1].

C'est à Yan'an, aux confins nord-ouest de la Chine, où il se réfugie en 1935 après l'épisode de la Longue Marche, que le Parti communiste instaure les structures de contrôle qui seront celles de la RPC avec la mobilisation des paysans, la création d'un puissant appareil de propagande, la mise au pas des intellectuels, nombreux à rejoindre cette base éloignée de la ligne de front, et le recours aux premières purges comme moyen de contrôle politique[2].

1. Exposé au musée d'histoire de Pékin, le manuscrit de la première Constitution du Parti communiste chinois est rédigé en russe.

2. C'est au cours de la Longue Marche, retraite stratégique face aux avancées des forces du Kuomintang, que Mao impose son pouvoir incontesté sur le Parti communiste, à la conférence de Zunyi, en 1935.

Dès la fin de la guerre, en dépit de négociations encouragées par les États-Unis qui plaident en faveur d'un accord entre le gouvernement nationaliste et les forces de Mao Zedong, le Parti communiste reprend la lutte contre les forces républicaines épuisées par plus d'une décennie de combats. Si l'image d'un Parti communiste nationaliste, éloigné de l'influence de Moscou, s'est imposé à partir des années 1960, en réalité, les troupes soviétiques ont joué un rôle essentiel dans la victoire du Parti communiste chinois. Entrés en Mandchourie après la défaite du Japon, les soviétiques tiennent le territoire de ce qui est devenu une base industrielle majeure, interdisent le retour des troupes nationalistes et remettent les armes saisies aux forces japonaises aux troupes communistes venues les rejoindre. Depuis ce bastion, l'Armée rouge a lancé une campagne vers le sud, qui ne rencontre que peu de résistance de la part de forces nationalistes démoralisées et mal soutenues par leurs alliés américains, dont la priorité, après la fin de la guerre dans le Pacifique, est le retour des troupes aux États-Unis.

Les forces communistes jouissent par ailleurs d'une image positive, non corrompue, et attractive pour une population majoritairement paysanne à qui est promise la distribution des terres.

Après la proclamation de la RPC par Mao Zedong en 1949, Chiang Kai-shek et une partie de l'armée et de l'administration du Kuomintang trouvent refuge à Taïwan, inaugurant une période de division de fait toujours en vigueur entre la République de Chine à Taïwan et la RPC sur le continent.

14

Quel rôle a joué la Chine pendant la guerre de Corée ?

À peine un an après avoir proclamé la RPC, alors que le pays est confronté à des tensions économiques dramatiques, Mao décide d'intervenir pour soutenir la Corée du Nord qui avait lancé une offensive pour tenter de s'emparer du sud de la péninsule. Comme les États-Unis semblaient focalisés sur les enjeux européens de la guerre froide, le dirigeant nord-coréen Kim Il-sung avait reçu au printemps 1950 l'aval de Staline pour une offensive rapide. Au mois d'octobre 1950, près de 200 000 « volontaires » chinois franchissent à leur tour la frontière pour repousser l'avancée des forces de l'ONU sous commandement américain envoyées en renfort aux côtés des forces sud-coréennes.

À la fin de la guerre, en 1953, le front se stabilise le long du 38e parallèle. La Chine réussit à récupérer le terrain perdu au nord par les forces nord-coréennes au prix de pertes considérables. Si une évaluation précise est difficile, on estime à plus de 250 000 morts les pertes des « volontaires » chinois, nom officiel des unités d'interventions, parmi lesquels le fils de Mao Zedong. Pourtant, la guerre « défensive » menée par les volontaires chinois en Corée est toujours considérée à

Pékin comme une victoire éclatante contre un ennemi américain très supérieur, ce qui a renforcé le prestige du régime chinois.

L'intervention en Corée était motivée par plusieurs facteurs qui expliquent le soutien que la puissance chinoise continue d'apporter à la République démocratique populaire de Corée (Corée du Nord). En 1950, comme aujourd'hui, la Chine voulait préserver un « État tampon » et empêcher les forces américaines de s'approcher de ses frontières. Idéologiquement, en 1950 comme aujourd'hui, le régime chinois analysait les relations avec les États-Unis en termes de conflit irréductible, en dépit d'accommodements tactiques. Aussi, une victoire des États-Unis et du camp occidental dans la péninsule coréenne aurait considérablement affaibli un régime chinois mal consolidé.

À ces raisons s'ajoutait également, en 1950, la volonté de gagner la confiance de l'URSS de Staline. En 1949, contrairement à l'image d'un régime agrarien et nationaliste que le Parti communiste chinois avait cherché à imposer pendant la Seconde Guerre mondiale pour renforcer ses soutiens, la Chine était passée dans l'orbite du « camp soviétique », avec la signature d'un traité d'amitié sino-soviétique qui comportait des éléments d'alliance militaire et de coopération économique et technologique. Elle y restera jusqu'à la rupture de 1960, provoquée par une divergence idéologique majeure avec Nikita Khrouchtchev sur la question de Staline, auquel Mao reste fidèle, et le rejet du principe de détente par les dirigeants chinois.

La guerre de Corée a scellé une amitié de frères d'armes durable entre Pyongyang et la puissance chinoise, qui reste sensible dans l'armée chinoise et explique les réticences de Pékin à abandonner le « régime frère » de Pyongyang, malgré les tensions. Le traité d'amitié sino-coréen signé en 1961, qui comporte une clause d'assistance mutuelle en cas d'invasion, est toujours en vigueur.

15

Qu’est-ce que le Grand Bond en avant ?

Le « Grand Bond en avant », campagne de mobilisation de masse qui aurait fait plus de 35 millions de morts, fait partie de la mémoire interdite du régime chinois. En dépit des évolutions que la puissance chinoise a connues, des éléments du Grand Bond en avant caractérisent toujours le fonctionnement du régime chinois. Le volontarisme, qui pousse à brûler les étapes en accomplissant des « bonds technologiques », demeure présent, tout comme l’objectif du rattrapage, à n’importe quel prix, des grandes puissances occidentales. En 1957, Mao annonçait être en mesure de « rattraper la production d’acier de la Grande-Bretagne en quinze ans ». La dimension quantitative, en dépit des surplus inutiles et du coût écologique de cette course à la production, domine encore la volonté de croissance de la Chine.

En 1958, lorsqu’il lance le Grand Bond en avant, Mao cherche à consolider son pouvoir. Le mouvement de déstalinisation en URSS, les révoltes anticommunistes, qui se multiplient en Europe centrale, sont perçues comme des menaces directes contre le régime chinois.

Deux ans auparavant, en 1956, la « campagne des Cent Fleurs », censée renforcer le régime en autorisant les critiques « constructives » contre l'appareil du Parti communiste, a pris une ampleur incontrôlée qui n'est interrompue que par une reprise en main brutale qui fait plus de 500 000 victimes parmi ceux, désormais qualifiés de « droitiers », qui se sont exprimés. Le mouvement de masse du Grand Bond en avant est pour Mao un moyen de reprendre le contrôle du Parti et de la société, et d'affirmer la supériorité du modèle révolutionnaire chinois sur l'Union soviétique dont il s'est éloigné depuis l'arrivée au pouvoir de Nikita Khrouchtchev.

Dès 1958, le mouvement de collectivisation des terres s'accélère avec la création des premières communes populaires qui regroupent des milliers de foyers. La propriété privée est abolie. Les campagnes doivent fournir des quotas toujours plus élevés de céréales à l'État. Dans le même temps, Mao Zedong prône une accélération de la production industrielle avec la construction de dizaines de milliers de « hauts fourneaux » de campagne, censés augmenter la production d'acier. Les paysans, constamment mobilisés, y compris pour la construction de gigantesques projets hydrauliques, sont massivement touchés par la famine provoquée par ces choix aberrants. La violence et les divisions de la société s'accroissent avec la multiplication de rébellions locales, le pillage de réserves, mais aussi des phénomènes de cannibalisme[1].

1. Publié en 2008, interdit en Chine, l'ouvrage du journaliste chinois Yang Jisheng *Stèles. La grande famine en Chine (1958-1961)*,

Il faut attendre 1961 pour que les instances du Parti mettent un terme à cette expérimentation tragique à l'échelle d'un pays et reviennent pour un temps sur la collectivisation massive des terres. En 1962, Mao Zedong fait son « autocritique » devant une conférence des cadres du Parti. Le blâme ne concerne que les responsables locaux accusés d'avoir outrepassé les directives. Mao Zedong, éloigné du pouvoir pour un temps, repart à l'offensive en 1966 avec la Révolution culturelle.

Paris, Seuil, 2012, se voulait un mémorial en hommage aux victimes du Grand Bond en avant.

16

Qui étaient les gardes rouges pendant la Révolution culturelle ?

Au mois de février 2015, au cours d'une visite émouvante à Liangjiahe, Xi Jinping déclare que c'est là qu'il a « laissé son cœur ». Envoyé à la campagne comme près de 20 millions d'autres « jeunes instruits » pendant la Révolution culturelle, celui-ci a vécu sept ans dans ce village situé dans une région pauvre du Nord. Xi Jinping est le premier dirigeant chinois post-révolutionnaire à avoir passé les années les plus sensibles de son adolescence dans l'environnement profondément traumatique d'une Chine plongée dans l'anarchie ultra-violente.

Le président chinois a 13 ans en 1966 lorsque Mao Zedong, marginalisé depuis l'échec du Grand Bond en avant, lance la « grande Révolution culturelle prolétarienne » en appelant la jeunesse organisée en unités de gardes rouges à « faire feu sur le quartier général[1] ». Pour reprendre le pouvoir sur l'appareil du Parti communiste, qui lui a échappé, Mao appelle à la Révolution permanente, à la destruction des « choses anciennes » et à la lutte contre l'autorité.

1. *Paoda silingbu* (炮打司令部).

La Chine sombre dans la guerre civile. L'enseignement, les programmes de recherche sont interrompus. Les « rouges » révolutionnaires l'emportent sur les intellectuels « experts ». Le *Petit Livre rouge* des citations de Mao Zedong devient l'unique bréviaire autorisé. Une génération privée d'éducation formelle pendant plus de dix ans est ainsi perdue. Dès 1968, le mouvement d'envoi des jeunes instruits à la campagne est lancé, il se prolonge jusqu'en 1980[1].

Fils d'un vétéran de la Révolution et vice-Premier ministre ayant été victime d'une lutte interne au Parti communiste dès 1962, Xi Jinping fait partie des catégories « noires » dont « l'origine de classe » est mauvaise. Il subit de plein fouet les violences de la Révolution culturelle. Sa sœur aînée se suicide, sa mère le dénonce publiquement, et il ne revoit son père qu'en 1972. Pourtant, Xi Jinping semble dorénavant tenté par un retour aux pratiques autoritaires, dont le recours aux purges et au culte de la personnalité qui ont marqué sa jeunesse.

La Révolution culturelle, qui aurait fait plus de 1,5 million de morts, ne s'achève qu'avec la mort de Mao Zedong le 9 septembre 1976. Comme le Grand Bond en avant, elle fait partie des sujets tabous en Chine. Ni Mao Zedong ni le fonctionnement du système n'ont été remis en cause. Pour les dirigeants de la puissance chinoise, qui a pourtant connu des évolu-

1. Michel Bonnin, *Génération perdue. Le Mouvement d'envoi des jeunes instruits à la campagne en Chine (1968-1980)*, Paris, Éditions de l'EHESS, 2004.

tions majeures depuis la fin de la Révolution culturelle, préserver la légitimité du Parti communiste en contrôlant les épisodes les plus controversés de l'histoire de la RPC demeure la priorité.

17

Quelles sont les raisons du rapprochement sino-américain de 1971 ?

En pleine Révolution culturelle, la lutte idéologique bat son plein. La Chine opère pourtant un revirement et se rapproche des États-Unis. La visite du président Nixon au mois de février 1972 avait été préparée par le voyage secret de Henry Kissinger, son conseiller pour la sécurité nationale, par ce qu'on a appelé la « diplomatie du ping-pong » et par l'absence de veto américain lors du vote sur l'intégration de la RPC à l'ONU en octobre 1971[1]. Malgré ces signaux annonciateurs, cette première visite d'un président américain a été perçue comme une rupture stratégique, même si ce n'est qu'en 1979 que les relations diplomatiques officielles entre Pékin et Washington seront rétablies.

En réalité, dès la fin des années 1960, après la rupture idéologique avec Moscou, la Chine avait réévalué à la baisse la menace américaine. Les États-Unis, en

1. Auparavant, le siège de la Chine était occupé par la République de Chine qui faisait partie des membres fondateurs de l'ONU. La « diplomatie du ping-pong » désigne la rencontre d'équipes de joueurs chinois et américains en Chine, puis aux États-Unis, en 1971.

prise alors à des difficultés au Vietnam, ne semblaient pas prêts à se lancer dans une offensive militaire contre elle. L'URSS, au contraire, apparaissait comme la menace principale alors que, idéologiquement, le régime chinois s'enfonçait dans une véritable hystérie « antirévisionniste[1] ».

Pour les stratèges chinois, dans un calcul de *realpolitik*, le rapprochement avec les Américains devait conforter leurs positions face à une menace soviétique perçue comme plus dangereuse. Les États-Unis, de leur côté, considéraient qu'un rapprochement avec la RPC, alors économiquement et militairement faible, pourrait à la fois renforcer leur marge de manœuvre face à l'URSS, mais également affaiblir le régime nord-vietnamien contre lequel les troupes américaines étaient engagées.

Cette visite « historique » marquera les esprits en Occident et aux États-Unis. Avec cette ouverture, la Chine prend la première place dans la politique asiatique des États-Unis, au risque d'affaiblir les alliances traditionnelles, dont celle avec le Japon. Choqué par l'absence de consultation préalable, Tokyo établit de son côté les relations diplomatiques avec la RPC dès la fin de 1972.

En Chine, ce brusque revirement a été présenté comme un triomphe de la stratégie maoïste, l'ennemi américain venant humblement demander audience aux dirigeants chinois. Le communiqué de Shanghai, signé à l'issue de la visite du président Nixon, semblait légi-

1. Moscou était accusée par Pékin d'être « révisionniste » en abandonnant la pureté révolutionnaire. En 1969, des incidents militaires frontaliers opposent la Chine et l'URSS sur l'Oussouri.

timer les positions de Pékin sur Taïwan : Washington reconnaissait que « tous les Chinois de chaque côté du détroit considèrent qu'il n'y a qu'une seule Chine et que Taïwan fait partie de la Chine ».

Le rapprochement sino-américain des années 1970, qui a inauguré jusqu'à la fin des années 1980 une période de coopération étroite, y compris sur le plan militaire, est perçu en Chine comme la meilleure période des relations avec Washington. Cette période constitue toujours une référence, dans un contexte stratégique qui a pourtant profondément évolué depuis la fin de la guerre froide et la disparition de la « menace soviétique ».

18

Quelles sont les séquelles du maoïsme ?

À la mort de Mao Zedong, le 9 septembre 1976, la RPC est plongée dans un marasme économique et social profond. Le PNB par habitant ne dépasse pas 165 dollars par an, faisant de la Chine, vingt-sept ans après l'établissement du régime socialiste en 1949, un des pays les plus pauvres de la planète.

La société est divisée. Les fondements politiques, familiaux, religieux, philosophiques et culturels, ont été détruits. Une large cohorte de la jeunesse chinoise, maintenue hors du système éducatif, a vécu des expériences brutales soit comme bourreau, soit comme victime. Au sein des familles, la mémoire des ruptures dues aux dénonciations entre époux, entre parents et enfants, est vive, même si elle est occultée par le silence officiel imposé. À l'image de la Corée du Nord actuellement, le pays, coupé du monde, est soumis à une propagande omniprésente. C'est aussi ce qui servira la renaissance de la puissance chinoise sur le plan international : quarante ans après la mort de Mao, les progrès accomplis par le régime sont encore évalués à l'aune de la tragédie maoïste.

Mais si le développement ultérieur de la Chine se construira en opposition avec cette période, le système qui perdure refuse de rompre avec l'idéologie maoïste qui demeure l'un des quatre principes fondamentaux garants de la pérennité du régime et de l'État selon la constitution du Parti communiste chinois. En dépit des atrocités commises en son nom, Mao Zedong occupe toujours une place unique dans l'histoire de la Chine. En dépit des souffrances infligées, le président Xi Jinping semble vouloir remettre le personnage de Mao Zedong, héros de la Révolution, pourfendeur des « tendances bourgeoises » au sein du Parti communiste, à l'honneur comme instrument de mobilisation idéologique.

En 1981, le Parti communiste, sous la direction de Deng Xiaoping, avait conclu que l'héritage de Mao Zedong était « à 70 % bon et à 30 % mauvais » et que ses succès l'emportaient sur ses échecs. En 2016, Xi Jinping dénonçait de son côté la critique systématique des trente années de pouvoir exercées par Mao Zedong après 1949.

Pour Xi Jinping, la survie du régime passe par le retour à ses fondamentaux, dont un culte de Mao Zedong qui ne va pas sans rappeler la Révolution culturelle.

19

Quelle a été la portée des « quatre modernisations » ?

Le retour de Deng Xiaoping au pouvoir en 1979, le troisième dans une carrière politique mouvementée, inaugure une phase de réformes et d'ouverture économique avec la mise en œuvre du programme des « quatre modernisations ».

La modernisation de l'agriculture, de l'industrie, des sciences et technologies, et des forces armées, répondait à un sentiment d'urgence et s'inscrivait dans une continuité dans l'histoire de la Chine au XXe siècle. En 1920, déjà, à la veille de s'embarquer pour la France, Deng Xiaoping déclarait vouloir « étudier auprès de l'Occident pour sauver la Chine ».

Cet objectif a été celui de tous les réformateurs chinois depuis la fin du XIXe siècle. Dans les années 1960, après l'échec du Grand Bond en avant, Zhou Enlai, l'un des mentors de Deng Xiaoping, avait lancé le concepts des « quatre modernisations » destinées à sortir la Chine du marasme économique dans lequel elle est plongée, mais c'est Deng Xiaoping qui officialisera cette stratégie de développement à l'occasion du troisième plénum du

11e Comité central du Parti communiste au mois de décembre 1979.

Le fondement de ces réformes est le choix du pragmatisme au nom de l'efficacité, dans un renversement complet des principes dominants pendant la Révolution culturelle. Dès 1961, contre l'idéologie du Grand Bond en avant, Deng Xiaoping, en déclarant que « peu importe qu'un chat soit noir ou blanc, ce qui compte c'est qu'il attrape les souris », avait fait de ce slogan le symbole de ce pragmatisme.

La nouvelle stratégie de développement économique a été rapidement appliquée dans les campagnes avec le mouvement de « responsabilité des foyers agricoles », la fin des communes populaires et des quotas imposés. Résultat immédiat de cette libéralisation, la production agricole progressera de plus de 8 % environ par an de 1979 à 1984.

Des zones économiques spéciales (ZES) sont établies sous la responsabilité du père du président Xi Jinping, Xi Zhongxun. Les premières ZES se développent dès 1980 dans la province du Guangdong, autour de Shenzhen, à la frontière avec Hong Kong qui est alors le principal point de contact des échanges de la RPC avec l'extérieur.

Les ZES, étendues à quatorze villes côtières en 1984, bénéficient d'un régime fiscal particulier destiné à attirer les capitaux étrangers, qui sont et demeurent à plus de 80 % des capitaux chinois d'outre-mer. Elles sont au centre d'une stratégie de développement accéléré fondé sur la production à bas coût de biens de consommation destinés à l'exportation. Ce modèle de développement, qui fait de la Chine « l'atelier du monde », favorise le décollage économique de la puissance chinoise dès les années 1990. Cependant, la question de la transformation de ce modèle de croissance, qui est aussi à la source de déséquilibres importants, persiste.

20

Qu'en est-il des mouvements pour la démocratie en Chine après 1979 ?

Confronté aux échecs de la période maoïste, Deng Xiaoping a lancé des réformes économiques et une ouverture sur l'extérieur aux conséquences bénéfiques pour le développement de la puissance chinoise. Il s'agissait toutefois de consolider cette puissance sous la direction du Parti communiste et non d'évoluer progressivement vers plus de démocratie.

Deng Xiaoping impose son pouvoir en 1979 en mobilisant la jeunesse contre l'appareil du Parti. Fin 1978, à Pékin, un premier mouvement en faveur de la démocratie s'amplifie autour du « mur de la démocratie ». Chaque jour, des « journaux en grands caractères[1] » sont affichés pour dénoncer les crimes de la Révolution culturelle. Le 5 décembre, un simple employé du zoo de Pékin, Wei Jingsheng, publie et signe un long essai intitulé *La Cinquième Modernisation, la Démocratie*. Immédiatement arrêté et condamné pour avoir remis en cause les fondements du régime, Wei Jinsheng passera plus de dix-huit ans en prison.

1. *Dazibao* (大字报).

En 1989, c'est encore dans la capitale qu'un autre mouvement voit le jour. Lancé par les étudiants, il s'étend ensuite à d'autres couches de la société. Cette fois, l'occupation de la place Tiananmen, haut lieu symbolique du régime, se déroule sous l'œil des caméras du monde entier, pendant une visite historique en Chine de Mikhaïl Gorbatchev. Celui-ci était porteur d'un message d'ouverture politique qui ne pouvait qu'inquiéter les autorités chinoises, hostiles aux perspectives de réformes politiques en profondeur.

Comme en 1979, le régime a fait le choix de la répression, au nom de la stabilité, en dépit des oppositions qui se sont exprimés au sein de la direction chinoise. Le secrétaire général du Parti communiste de l'époque, Zhao Ziyang, favorable au dialogue, sera arrêté et assigné à résidence jusqu'à sa mort en 2005.

Le 4 juin 1989, après le départ de la délégation soviétique, des unités de l'APL (Armée populaire de libération) interviennent pour évacuer la place, faisant un nombre non déterminé mais important de victimes. Des milliers de manifestants sont arrêtés, certains fuient en utilisant des filières clandestines d'évacuation vers Hong Kong. Les espoirs d'évolution politique graduelle du régime chinois sont interrompus. La répression de la place Tiananmen inaugure une période de durcissement du contrôle idéologique, de montée du nationalisme et d'encouragement à l'enrichissement personnel, nouveaux fondements de la légitimité du Parti communiste.

Depuis l'arrivée au pouvoir de Xi Jinping en 2013, la fermeture idéologique et la répression se sont encore accentuées, étouffant toute velléité de réforme politique.

CULTURE ET SOCIÉTÉ

21

Que signifie le retour des religions traditionnelles en Chine aujourd'hui ?

Face à ce qui est dénoncé comme un vide éthique, le pouvoir chinois tente de reconstruire une cohésion par le retour aux valeurs traditionnelles, dans une sorte de « nationalisme culturel » où les valeurs fondamentales de la Chine, notamment celles véhiculées par le confucianisme d'État, sont appelées à faire rempart aux valeurs occidentales « importées ».

Dans le même temps, les autorités s'opposent aux menaces qui pèsent sur son monopole idéologique. Si la pratique religieuse est en théorie garantie par la Constitution depuis 1978, elle doit s'effectuer dans le cadre des organisations religieuses officielles, placées sous l'autorité de l'administration d'État pour les affaires religieuses, qui ordonne et contrôle les pratiques, jusqu'aux questions de réincarnation dans le bouddhisme tibétain, comme le spécifie une directive de 2009.

Pourtant, face aux désillusions idéologiques, on assiste à un vrai retour du religieux en Chine. Les trois principaux « enseignements[1] », le confucianisme,

1. *Jiao* (教).

le taoïsme et le bouddhisme sont, au moins pour les deux premiers, autant des philosophies que des religions. Le confucianisme dérive des enseignements de Confucius, qui aurait vécu autour du Ve siècle avant notre ère. Initialement conçu comme un humanisme prônant le mérite de l'homme cultivé sur la naissance, le confucianisme, doctrine d'État sous la dynastie des Han, est devenu le fondement du système bureaucratique et de l'organisation de l'Empire, avec la mise en place de concours impériaux.

Le taoïsme[1], qui s'est développé à partir des enseignements du philosophe Lao Zi[2], prône une harmonie avec la nature qui a influencé la science et la médecine chinoise mais aussi le bouddhisme *chan*[3] (zen en japonais). Dans sa forme ritualisée, il est lié aux croyances multiples qui forment le fond de la religion populaire. Réprimées pendant la Révolution culturelle, les pratiques taoïstes connaissent une renaissance tolérée par l'État, qui se traduit par la construction de nouveaux temples.

Introduit en Chine au Ier siècle de notre ère, le bouddhisme connaît son apogée au VIIIe siècle, sous la

1. *Dàojiào* (道教), « enseignement de la voie », est un des piliers de la pensée chinoise. Il se fonde sur l'existence d'un principe à l'origine de toute chose, appelé *Tao*.

2. Lao Zi ou Lao Tseu, sage chinois, aurait été, selon la tradition, un contemporain de Confucius (milieu du VIe siècle av. J.-C. – milieu du Ve siècle av. J.-C.). On le considère *a posteriori* comme le père fondateur du taoïsme.

3. Le *chan* (禪), parfois traduit par « méditation silencieuse », est une forme du bouddhisme mahayana. Né en Chine au Ve siècle, il insiste sur l'accession à l'expérience directe de l'Éveil par la méthode la plus efficace et la plus simple possible.

dynastie des Tang, avant de voir sa pratique refluer en Chine. Il ne compterait plus que 10 à 16 % de fidèles en dehors du monde tibétain, qui pratique une forme différente de bouddhisme lamaïste qui a exercé son influence jusqu'en Asie centrale, en Mongolie et à la cour mandchoue des Qing. À l'instar des autres religions traditionnelles, le bouddhisme connaît une recrudescence sous le contrôle de l'Association bouddhiste de Chine.

La Chine possède également une tradition sectaire, avec une dimension millénariste, qui a accompagné de nombreux mouvements de rébellions antidynastiques. Manifestation contemporaine de ce phénomène, la secte Falungong a eu une large audience en Chine dans les années 1990, jusque dans les rangs du Parti communiste. Les milliers de fidèles rassemblés place Tiananmen en avril 1999 ont été la preuve de son influence ; elle fait toujours l'objet d'une répression sévère.

22

Quel est le rôle du confucianisme dans la Chine contemporaine ?

Le confucianisme d'État a marqué l'organisation sociale et du pouvoir en Chine autour de vertus prônant l'harmonie, le respect de l'ordre hiérarchique et des valeurs familiales. La critique du confucianisme, perçu comme une philosophie de l'acceptation de l'ordre établi, était très présent dans le discours réformiste en Chine dès la fin du XIXe siècle.

Dénoncé comme une idéologie « féodale », violemment condamné dans la Chine communiste pendant la Révolution culturelle, le confucianisme connaît une renaissance. Le pouvoir communiste puise dans ses racines pour reconstruire un discours de légitimité fondé sur un système de valeurs « nationales », opposées au principe d'universalité des valeurs occidentales. L'utilisation du concept confucéen « d'harmonie », opposé à une conflictualité supposée inhérente au monde occidental, a été récupérée par le discours de propagande extérieure de la RPC[1].

1. Valérie Niquet, « "Confu-talk". The Use of Confucian Concepts in Contemporary Chinese Policy », *in* Anne-Marie Brady (éd.), *China's Thought Management*, New York, Routledge, septembre 2011.

Cet élan du confucianisme, au service d'une « morale nationale » et de la lutte contre la corruption, est encouragé par l'État qui finance des « Académies Confucius » et des programmes de conférences, destinés aux cadres du Parti communiste. Le ministère de l'Éducation prône l'étude de la « culture traditionnelle » et des valeurs confucianistes à chaque cycle de la scolarité. Cet enseignement est inspiré d'un mouvement idéologique de retour aux « traditions chinoises », né à Taïwan, que Xi Jinping soutient. Ainsi, pour la première fois, en 2014, le président a participé aux cérémonies en l'honneur de l'anniversaire de Confucius.

23

Que pèsent les religions « étrangères » ?

Si des statistiques fiables sont difficiles à établir, le christianisme et l'islam, qui ne représentent que 5 à 6 % de la population, se développent considérablement. Le pouvoir entretient des relations complexes avec ces religions d'origine étrangère. En 2016, à l'occasion d'une conférence du Parti communiste sur les religions – la première depuis plus de quinze ans –, le président Xi Jinping appelait à la vigilance contre « les infiltrations des idées étrangères au nom de la foi religieuse ».

Le christianisme en Chine a été introduit au XVIIe siècle par les pères jésuites, puis, à la suite des guerres de l'opium, avec l'ouverture du pays aux missions étrangères. Il y aurait de nos jours environ 11 millions de catholiques et 40 millions de protestants[1]. L'accélération de cette augmentation depuis 1978, alors que le nombre de chrétiens déclarés ne dépassait pas 500 000 en 1949, est particulièrement remarquable.

---

1. http://www.asianews.it/news-en/The-decline-of-China % E2 % 80 % 99s-Catholic-population-and-its-impact-on-the-Church-38373.html ; http://www.asianews.it/news-en/Growth-of-Protestants-in-China:-the-frustrations-of-Wang-Zuoan-31837.html.

La communauté chrétienne est dominée par le protestantisme. Les églises protestantes sont très actives, avec le développement d'un phénomène de *megachurches* à l'américaine, et seule une minorité, regroupant de 10 à 15 millions de fidèles, est affiliée à l'organisation officielle « patriotique » protestante sous l'autorité de l'État chinois. Afin de reprendre le contrôle, les autorités ont lancé en 2013 une campagne de destruction de croix, qui aurait frappé plus d'un millier d'églises dans l'est de la Chine.

Les catholiques sont moins nombreux, avec 11 millions de pratiquants, dont la moitié seulement est affiliée à l'Association patriotique catholique de Chine, créée en 1958 par les autorités chinoises qui ne reconnaissent pas l'autorité du Vatican. Régulièrement évoquée, la normalisation des relations entre la Chine et le Vatican se heurte aux questions de la nomination des évêques, de la liberté de culte et de la persécution des églises clandestines, qui se sont développées hors de l'autorité de l'État. Un accord portant sur la nomination des évêques a toutefois été signé en 2018.

Le pouvoir s'inquiète de l'autonomie croissante, y compris dans le domaine financier, de ces églises, de leur capacité d'organisation, de leur audience auprès des populations urbaines éduquées, et de leur rôle dans l'émergence d'une société civile autonome favorable aux dissidences.

L'islam, qui représente plus de 23 millions de croyants, est présent en Chine depuis le VIIe siècle, transmis par les communautés de marchands venus d'Asie centrale ou d'Asie du Sud-Est. Une distinction a été établie entre une communauté musulmane

« chinoise », les Huis, traditionnellement mieux intégrée à la société et aux élites administratives et commerçantes, et les musulmans du Xinjiang, pour qui la religion constitue, selon les autorités, un élément de distinction favorisant le « séparatisme ».

La pratique religieuse chez les Huis a bénéficié de l'ouverture qui a suivi la Révolution culturelle. En revanche, depuis la fin des années 1980, elle est de nouveau réprimée au Xinjiang. Les pratiques et les signes religieux, tels que le port du voile ou la pratique du ramadan, sont contrôlés et interdits pour les fonctionnaires, les étudiants et les enfants mineurs. Comme pour le christianisme, le pouvoir s'inquiète de l'émergence de contre-pouvoirs qui fragiliseraient le monopole idéologique du Parti communiste et la stabilité d'un système politique contesté. La répression contre toute pratique religieuse assimilée au « séparatisme » s'est encore renforcée sous la direction du président Xi Jinping.

24

Qui sont les migrants de l'intérieur ?

La croissance économique remarquable que la Chine connaît au début des années 1980 est largement due à la mobilisation des migrants de l'intérieur. Cette main-d'œuvre abondante, au statut légal fragile, révèle les tensions de la société chinoise entre espoir d'enrichissement, délitement des structures traditionnelles et absence de véritable droit du travail.

Si les statistiques sont imprécises, la « population flottante[1] » de « travailleurs paysans[2] », nom officiel des migrants de l'intérieur, s'élèverait à plus de 250 millions de personnes. Le mouvement s'accélère au début des années 1990 et touche soit les provinces les moins développées de l'intérieur, soit les zones rurales dans les provinces plus riches, dont les habitants s'installent – en théorie provisoirement – dans les grandes villes et les provinces côtières, où sont concentrés les besoins de main-d'œuvre dans l'industrie ou la construction.

Ce phénomène correspond aux inégalités qui subsistent entre les villes et les campagnes, en matière de salaires, d'accès à des structures de protection sociale

1. *Liudong renkou* (流动人口).
2. *Nongmingong* (农民工).

plus avancées et à un mode de vie libéré des contraintes de la société traditionnelle. En 2018, le revenu disponible annuel moyen s'élevait à 6 000 dollars en ville, mais à seulement 2 200 dollars dans les zones rurales. Il touche à égalité les hommes jeunes dans le secteur de la construction, et les jeunes femmes dans les industries de main-d'œuvre tournées vers l'exportation.

Depuis 2010, la population urbaine en Chine dépasse légèrement la population rurale. Mais il ne s'agit que d'une « semi-urbanisation », résultat d'une immigration intérieure qui n'accorde ni le même statut ni les mêmes droits aux différentes catégories de citoyens. Soumis aux contraintes du certificat de résidence[1], les migrants de l'intérieur installés en ville n'ont toujours pas accès au système social et éducatif dont bénéficie la population urbaine officielle. Cette ségrégation, qui touche la deuxième génération de migrants, parfois née en ville, se perpétue.

La migration intérieure a aussi des répercussions sur la prise en charge des personnes âgées, isolées dans les provinces les plus pauvres désertées par les générations en âge de s'employer en ville. À peine 20 % des migrants s'installent en ville avec leur famille, en raison des difficultés d'accès à l'éducation et du coût du logement. En outre, un phénomène préoccupant d'enfants « abandonnés », qui toucherait une soixantaine de millions d'enfants de sept à seize ans s'est développé.

Toutefois, le ralentissement de l'économie, qui touche les industries manufacturières destinées à l'ex-

1. *Jumin hukou bu*, souvent abrégé en *hukou* (居民户口簿).

portation dans les provinces côtières, paraît favoriser un retour vers les provinces et les villes moins importantes de l'intérieur. En 2020, la crise du Covid-19 a également pesé très lourd sur l'accès à l'emploi à ces populations.

25

La fin du passeport intérieur (*hukou*) est-elle possible ?

La question du statut des migrants intérieurs est liée à celle de la réforme du système de certificat de résidence (*hukou*). Instauré en 1958 pendant le Grand Bond en avant par Mao Zedong qui souhaitait fixer les paysans dans les campagnes et éviter un exode rural massif, le système du *hukou* fige la distinction entre population rurale et population urbaine et est au cœur d'une inégalité fondamentale. À l'époque maoïste, alors que le système était rigoureusement appliqué, l'engagement dans l'armée était souvent le seul moyen d'échapper à la rigidité du système.

Si, depuis les années 1980, le *hukou* a été assoupli pour faciliter l'emploi dans les industries de main-d'œuvre qui tirent la croissance chinoise, il n'a pas été supprimé malgré la mise en œuvre « d'expérimentations » et de débats récurrents sur son abolition. En 2013, la Commission pour la réforme et le développement du Conseil d'État recommandait le démantèlement du système, à l'exception de quelques très grandes villes attractives comme Pékin ou Shanghai. L'assouplissement n'a finalement concerné que l'accès aux « villes moyennes » de moins de trois millions d'habitants.

Tant pour des raisons de contrôle social qu'économiques, le pouvoir n'est toutefois pas prêt à renoncer au *hukou* qui permet de conserver l'avantage d'une main-d'œuvre bon marché, car maintenue dans un statut de semi-illégalité. De plus, les autorités urbaines locales, fortement endettées, sont hostiles à la disparition d'un système qui les obligerait à prendre en charge le coût social de nouveaux citadins à part entière.

Le pouvoir chinois est conscient des effets pervers de ce système qui freine l'émergence d'une classe moyenne urbaine et perpétue des inégalités pesant sur la légitimité du système. L'application d'une véritable réforme se heurte toutefois au poids des intérêts locaux et à la crainte de perte le contrôle des mouvements de population.

26

La distinction entre Chine des côtes et Chine de l'intérieur est-elle toujours pertinente ?

Si l'ensemble de la Chine a bénéficié de la croissance économique des trente dernières années, les disparités entre provinces côtières et provinces de l'intérieur demeurent et relativisent les succès d'une stratégie économique qui visait à irriguer les zones les moins développées à partir du développement des régions les plus avancées.

Ce fossé persistant en matière de développement, d'accès aux services sociaux, à une éducation et à des services médicaux de qualité, résulte des stratégies de développement initiales favorisant les provinces côtières qui attiraient les investisseurs étrangers de par leur position géographique. C'est aussi un héritage de politiques plus anciennes, qui datent de la période républicaine, qui privilégiaient la Chine « utile », celle des grandes villes et des provinces côtières les mieux intégrées au système mondial[1].

1. Au début des années 1930, en dépit de la pauvreté globale de la Chine, Shanghai était la première place financière d'Asie.

Les régions chinoises les plus riches

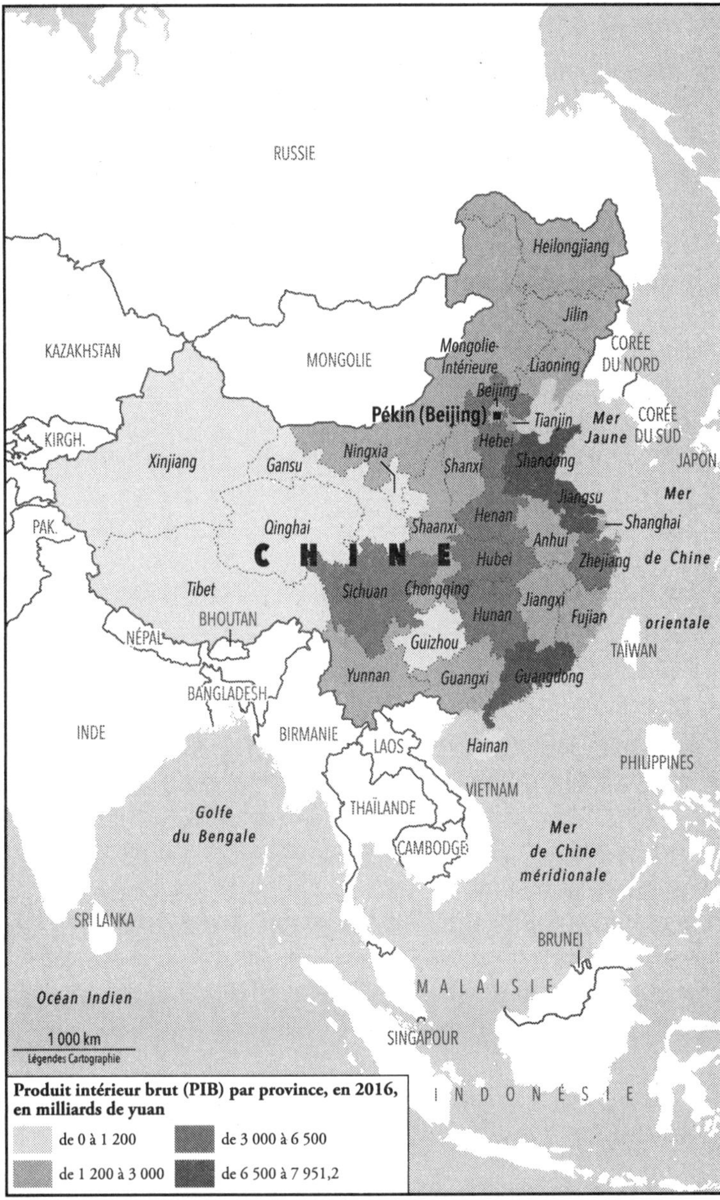

Dans les années 2000, les autorités chinoises ont lancé une campagne d'investissements vers l'ouest afin de réduire ces inégalités persistantes. En 2008, le plan massif destiné à soutenir la croissance après la crise financière mondiale a concerné en priorité les provinces de l'intérieur, laissées-pour-compte de la croissance chinoise.

Les inégalités persistantes ont tendance à se renforcer avec le ralentissement économique que la Chine connaît depuis 2013. La reproduction d'un modèle de développement à marche forcée, fondé sur des investissements massifs, la construction d'infrastructures dont la rentabilité réelle est remise en cause, des zones de libre-échange, des parcs industriels, des villes nouvelles, mais aussi un endettement spectaculaire des collectivités locales a abouti à une série d'échecs majeurs. Loin de tirer la croissance des provinces les plus pauvres, les « villes nouvelles » construites en périphérie des cités plus anciennes, telles Lanzhou au Gansu, Ordos en Mongolie-Intérieure ou Harbin au Heilongjiang, sont aujourd'hui des villes fantômes qui ne réussissent pas à attirer une population qui continue de migrer vers les provinces côtières ou les villes les plus riches.

Les fractures internes à la puissance chinoise en matière de revenus et de taux de croissance sont toujours d'actualité. En 2020, l'écart en termes de revenu annuel était toujours de près de 3 entre les zones urbaines et les zones rurales. En 2019, le PIB annuel par habitant de la province la plus riche, le Guandong, atteignait 14 500 dollars ; celui du Guizhou, la province la plus pauvre, située à l'intérieur, était de 6 500 dollars.

27

Comment fonctionne le système éducatif ?

La puissance chinoise met en avant ses succès en matière d'éducation. Le classement PISA 2018 de l'OCDE place la Chine en tête, faisant oublier que seuls Pékin, Shanghai, le Jiangsu et le Zhejiang ont participé aux tests – les résultats seraient évidemment moins brillants s'ils étaient étendus à l'ensemble du pays. Le système éducatif souffre en effet d'inégalités qui alimentent le mécontentement dans une société prête à beaucoup investir pour la réussite de générations d'enfants uniques porteurs des espoirs du clan familial. Au-delà, selon une étude récente, 50 % des enfants dans les zones rurales souffriraient de retard cognitif dû à une mauvaise alimentation[1].

Depuis le milieu des années 1980, l'État prend en charge une scolarité obligatoire de neuf années, suivie par 99,7 % de la population, selon les statistiques du ministère de l'Éducation. Les élèves peuvent ensuite poursuivre des études secondaires, après l'épreuve

1. Scott Rozelle, Nathalie Hell, *Invisible China. How the Urban-Rural Divide Threatens China's Rise*, Chicago, Chicago University Press, 2020.

du premier examen de niveau, le *zhongkao*. En 2016, 98 % des urbains et 80 % des ruraux ont eu accès à une forme d'éducation secondaire (lycée), mais il s'agit dans une très grande majorité des cas de formations professionnelles de très mauvaise qualité. 70 % de la main-d'œuvre chinoise est encore non qualifiée. Tandis que, dans les années 1970, l'accès à l'université dépendait de critères idéologiques et de la « bonne origine de classe » des candidats, désormais, un second examen, le *gaokao*, détermine la faculté à laquelle les étudiants peuvent prétendre. Les meilleures sont celles de Pékin, Tsinghua ou Fudan à Shanghai.

En 2019, 10,3 millions d'élèves du secondaire ont tenté le *gaokao*, inspiré de la tradition des examens impériaux, basé sur l'apprentissage par cœur et la réussite à des tests de mémorisation d'une quantité considérable de connaissances factuelles. L'esprit d'analyse et l'esprit critique, potentiellement dangereux pour le régime, n'entrent pas dans les critères d'évaluation.

Ce système creuse davantage les inégalités. Les populations urbaines privilégiées, celles qui participent à l'enquête PISA, ont accès aux meilleures écoles secondaires et aux écoles privées qui préparent spécifiquement aux examens. Dans les campagnes et les provinces défavorisées, des programmes moins exigeants, le manque de moyens pour financer les cours particuliers et les formations complémentaires, dont le coût s'élève à des dizaines de milliers de dollars par an, l'absence de relations permettant l'accès aux écoles les plus prestigieuses, ôtent quasiment toute chance aux élèves accédant aux études secondaires d'être bien classés au *gaokao*. Les étudiants d'origine rurale et les enfants de migrants représentent moins de 10 % de la population étudiante, alors que ce chiffre atteignait encore 30 % dans les années 1990.

Le cursus obligatoire de neuf années et les efforts accomplis depuis les années 1990 ont cependant eu des résultats bénéfiques sur le taux d'alphabétisation, supérieur à 95 % d'après les statistiques officielles. Ce taux est toutefois calculé à partir des déclarations des autorités locales en charge des évaluations, dont l'intérêt est de gonfler les chiffres.

Par ailleurs, le nombre de caractères exigé est limité : 1 500 dans les zones rurales et 2 000 dans les zones urbaines[1]. Enfin, dans les provinces les plus pauvres et chez les enfants de migrants, le phénomène de déscolarisation, qui a un effet négatif sur le taux d'alphabétisation, est mal pris en compte par les autorités.

1. Rappelons que, dans le système d'écriture chinois, chaque mot s'écrit avec des caractères (pictogramme ou idéogramme) tous différents. Selon des études effectuées en Chine, un niveau correct nécessite de connaître environ 4 000 caractères.

28

Que signifie la fin de la politique de l'enfant unique ?

Pendant plus de trente-cinq ans, la Chine a été soumise à la politique de l'enfant unique. Avec près de 1,4 milliard d'habitants, la puissance démographique est liée à l'image de puissance globale de la Chine. Mais, en 1980, Deng Xiaoping a imposé une politique de contrôle des naissances, autorisant un enfant par famille et deux dans les zones rurales en cas de handicap du premier né ou si l'aîné est une fille.

Il s'agissait de favoriser le développement économique en freinant une croissance démographique encouragée par Mao Zedong pour qui « un homme, c'est une bouche à nourrir, mais aussi deux bras pour travailler ».

Cette mesure a entraîné une chute du taux de fertilité qui était en 2017 de 1,68 enfant par femme en âge de procréer, et est très en dessous du taux de remplacement de 2,1 enfants par femme. Cette politique malthusienne, basée sur un système de quotas strictement appliqués par les autorités locales, a eu des effets pervers. La politique de l'enfant unique a accéléré le délitement des structures familiales anciennes, fondées sur des réseaux étendus de relations, et a entraîné le phénomène des

« petits princes », enfants surprotégés, suralimentés et hypergâtés, qui concentrent l'attention et les attentes de leurs aînés. Alors que, notamment en milieu rural, la naissance d'un fils est vitale pour la perpétuation des rites ancestraux et la survie de la famille, on constate un fort déséquilibre des naissances qui peut atteindre 120 garçons pour 100 filles.

Outre les campagnes massives d'avortements et de stérilisations forcés, le phénomène spécifique des « enfants noirs », nés dans la clandestinité et dénués d'existence légale, s'est développé. Leur nombre est officiellement évalué à 13 millions, mais les statistiques en la matière sont par nature peu fiables. Parallèlement, on assiste à des trafics de garçons et de jeunes femmes, ainsi qu'à un retour à des pratiques anciennes d'abandon des filles ou d'infanticide à la naissance.

La politique de l'enfant unique, en déséquilibrant artificiellement la pyramide des âges, est en passe de remettre en cause l'un des atouts de l'économie chinoise : une main-d'œuvre jeune et abondante. En 2012, pour la première fois, les autorités ont annoncé une diminution des nouvelles classes d'âge entrant sur le marché du travail et cette tendance va en s'accélérant : en 2015, la population en âge de travailler a diminué de 4,87 millions.

Malgré ces dysfonctionnements reconnus, il faudra attendre 2016 pour que de nouvelles règles – deux enfants par famille – levant l'obligation d'autorisation préalable soient adoptées. Il n'est pas certain toutefois qu'elles aboutissent à des bouleversements majeurs en matière démographique. Dans les villes, depuis les années 1990, on constate que la réduction des naissances est au moins autant liée au coût de l'éducation et à l'évolution des modes de vie qu'à la politique de l'enfant unique. Après une période malthusienne, les autorités font au contraire pression sur les familles pour avoir plus d'enfants, sans succès pour l'année 2019 qui a vu une poursuite de la chute des naissances.

29

La Chine est-elle en passe de devenir une société âgée avant d'être riche ?

Une des conséquences de la politique de l'enfant unique est le vieillissement accéléré de la population, notamment en ville. En 2019, les personnes âgées de plus de 60 ans représentaient 17,4 % de la population, et ce taux pourrait doubler à l'horizon 2050. Ce phénomène pose des défis spécifiques à la Chine, qui fait face à des problèmes de vieillissement de la population qui sont habituellement le lot des sociétés développées comme, en Asie, le Japon ou la Corée du Sud. La question de la prise en charge du vieillissement et des personnes âgées n'est pas résolue, alors que, à l'horizon 2040, le ratio entre travailleur et retraité ne sera plus que de 1,6 pour 1.

En 1996, une loi pour la protection des personnes âgées, imposant aux enfants de subvenir aux besoins de leurs parents, a été adoptée. La charge est considérable : dès les années 2020, le nombre de couples constitués d'enfants uniques ayant à charge au moins quatre personnes âgées pourrait s'accroître rapidement.

En ville et dans les campagnes, l'éclatement des structures familiales avec le départ des migrants n'a pas été remplacé par un système de prise en charge sociale que la Chine n'a pas les moyens de mettre en œuvre. En 2009, un système de cotisations de retraite volontaire a été instauré dans les zones rurales, où la proportion de personnes âgées isolées augmente. Les pensions versées, qui ne dépassent pas 660 yuans (90 euros) par an, sont faibles. En ville, le montant est plus élevé, il atteignait en moyenne, en 2016, 2 300 yuans (292 euros) par an. En 2015, le système a été unifié sur le plan national et, en 2017, 915 millions de personnes étaient intégrés au système.

La situation des ouvriers employés dans les entreprises d'État et des fonctionnaires est meilleure, mais les garanties sociales fournies par le traditionnel « bol de riz en fer » à l'époque maoïste ont été fortement réduites depuis la fin des années 1970.

À l'instar des sociétés les plus développées, la Chine, où l'espérance de vie atteint 76 ans, est confrontée à la question de l'âge de la retraite fixée à 60 ans pour les hommes et 50 ou 55 ans pour les femmes. Des mesures prévoyant le recul de l'âge de départ à la retraite devraient être adoptées, mais suscitent de fortes oppositions. Néanmoins, en dépit de ces évolutions, la question démographique et celle du vieillissement constituent de fortes contraintes qui pèsent sur l'avenir de la puissance chinoise.

30

La classe moyenne chinoise existe-t-elle ?

Les réformes économiques ont favorisé l'émergence d'une classe moyenne – potentiellement consommatrice – qui rend attractive la puissance chinoise sur la scène internationale. Cependant, la définition et l'estimation quantitative de cette classe moyenne demeurent sujettes à caution.

Selon des études récentes, elle pourrait représenter un peu plus de 400 millions de personnes, soit près du tiers de la population. Son émergence accompagne les progrès de l'urbanisation, alors que 56 % de la population chinoise vit dans les villes. La définition de la classe moyenne tempère toutefois ces résultats. L'éventail des ressources prises en compte est vaste : les revenus vont de 10 à 50 dollars par jour. Les revenus supérieurs à 50 dollars sont marginaux, 75 % de la classe moyenne chinoise se situe dans la catégorie inférieure (10 à 20 dollars par jour[1]). Et même, selon le Premier ministre Li Keqiang, 600 millions de Chinois disposent de moins de 150 dollars par mois. L'effet

1. *How Well-Off is China Middle Class*, http://chinapower.csis.org/china-middle-class/. La majorité de la population dispose de revenus inférieurs à 10 dollars par jour.

de masse démographique joue à plein pour en faire un réservoir de consommateurs, mais seule la catégorie supérieure a accès aux biens tels que les produits importés, automobiles, marques de luxe, produits alimentaires de qualité ou voyages à l'étranger, en particulier en Europe et aux États-Unis.

Par ailleurs, si la classe moyenne est en expansion rapide, sa répartition géographique est concentrée à plus de 87 % dans les provinces côtières les plus riches et les grandes villes, où les salaires ont augmenté de 11 % en moyenne entre 2001 et 2015. Des études plus précises montrent que seulement 8,5 % de la population, résidant dans 6 % des villes chinoises, représente 43 % des dépenses de consommation globale des ménages.

Cette classe émergente, qui bénéficie pleinement de la politique de réforme et d'ouverture, a longtemps constitué le premier soutien du régime, garant de l'amélioration du niveau de vie et de la stabilité sociale et politique. Les membres du Parti communiste sont surreprésentés dans cette catégorie de la population.

Toutefois, les attentes de la classe moyenne se déplacent du domaine économique au domaine sociétal et la disparition progressive des générations ayant vécu les drames de l'époque maoïste augmente le niveau d'exigence des plus jeunes, qui n'ont pas la mémoire des souffrances passées.

Pour eux, propriétaires à plus de 80 %, qui investissent une part importante de leur budget dans l'acquisition d'un appartement, les questions de sécurité environnementale sont essentielles. Plus globalement, les incertitudes quant aux orientations politiques du régime et à la stabilité financière, les craintes suscitées par une campagne de lutte contre la corruption qui peut toucher tous ceux qui ont accumulé des biens, même modestes, et les limites du système de protection sociale, pèsent sur la fidélité de la classe moyenne au régime.

31

Le mythe de l'égalitarisme de la société est-il mort ?

Paradoxalement, la RPC, qui se définit dans sa Constitution comme un État socialiste sous la dictature démocratique du peuple, est devenue l'un des États les plus inégalitaires de la planète. Les autorités chinoises mettent en avant les succès du développement, qui ont permis de sortir 500 millions de Chinois de la pauvreté en trente ans et d'aboutir, comme l'a proclamé Xi Jinping en 2020, à l'éradication de la grande pauvreté, dont le seuil est fixé à 4 000 yuans (600 dollars) par an. En revanche, selon le Premier ministre Li Keqiang, en 2020, 600 millions de Chinois vivaient avec moins de 1 000 yuans (127 euros) par mois. À l'autre extrémité de l'échelle sociale, le nombre de millionnaires en dollars a atteint 3,15 millions en 2015. La Chine comptait également 596 milliardaires en dollars, la même année, soit plus que les États-Unis.

Mais, comme le souligne un rapport publié en 2013, le niveau d'inégalité en matière de revenus, de consommation, d'accès à l'éducation, à des soins de qualité et à un système de protection sociale performant, demeure très élevé.

L'accès aux biens montre ces inégalités : 1 % de la population la plus aisée possède 33 % des actifs et, inversement, 25 % des plus pauvres ne détiennent que 1 % des richesses du pays. Selon une étude publiée récemment par l'Institut des sciences sociales de l'université de Pékin, la répartition des revenus est tout aussi inégalitaire. En 2019, seuls 10 % des adultes disposaient d'une fortune comprise entre 100 000 et 1 million de dollars. Mais la Chine compte aussi, en 2019, 389 milliardaires dont la fortune globale est évaluée à 1 200 milliards de dollars. Cette part s'est encore accrue en 2020, en dépit de la pandémie de Covid-19.

Plus préoccupant pour les autorités, ces inégalités croissantes nourrissent une insatisfaction latente. En 1980, l'indice Gini de la Banque mondiale, qui indique le niveau d'inégalité global pour chaque pays, était de 29 pour la Chine, il s'élevait à 46,5 en 2019. À titre de comparaison, l'indice est de 30 en moyenne pour les pays de l'OCDE et de 47 pour les États-Unis.

Ces évolutions constituent un défi pour le pouvoir, dont la légitimité provient de sa capacité à assurer un progrès constant du niveau de vie pour tous. Elles freinent les capacités de réforme en profondeur de l'économie, alors que la réduction des inégalités, ou au moins le contrôle de leur progression, impose la poursuite d'une croissance forte. Si la Chine, prise dans sa globalité, s'est considérablement développée depuis la fin de la décennie 1970, elle n'a pas encore les moyens – sous peine d'aggraver le mécontentement dû aux inégalités – d'assumer le rééquilibrage de son modèle de croissance.

32

La Chine est-elle dotée d'un véritable système de protection sociale ?

Les inégalités qui fragilisent la puissance chinoise sont accrues par les lacunes de la protection sociale. En 2018, les dépenses de l'État pour la protection sociale représentaient 8 % du budget, alors que la moyenne des pays de l'OCDE était de 22 %. Si des progrès ont été accomplis en ville, où la population ouvrière a historiquement bénéficié, depuis 1949, d'un système de protection plus développé, la situation est différente dans les campagnes exclues de tout système de protection sociale performant, même si 96 % de la population a en théorie une forme d'assurance maladie. Cette couverture, comme l'a montrée l'épidémie de Covid-19, ne garantit toutefois pas l'accès à des soins de qualité.

Selon le rapport publié en 2013 par la Banque mondiale et le Conseil d'État de la RPC, l'absence de système de protection sociale efficace et universel, dont le coût serait considérable pour l'économie chinoise, fragilise une part significative de la population, y compris les classes moyennes, à la merci des accidents de la vie potentiels. Depuis 2015, une forme de couverture sociale universelle a été mise en place mais qui renforce aussi les inégalités, selon les niveaux de cotisation.

Cette incertitude et la nécessité d'épargner pour la retraite, ou d'assurer celle des parents et grands-parents, influent sur la consommation des ménages avec un taux d'épargne de précaution qui représente 40 % du PIB, un des taux les plus élevés au monde. Elle nourrit une forme de nostalgie pour la période maoïste, lorsque les besoins, du logement à la retraite en passant par la santé et l'éducation, étaient en théorie pris en charge par « l'unité de travail » à laquelle on appartenait.

En 2011, le gouvernement central, qui s'était désengagé au début de la période de réformes, a adopté une loi sur l'assurance sociale, destinée à pallier les lacunes et les dysfonctionnements du système. Une couverture universelle comprenant l'assurance vieillesse, la santé, la maternité, le chômage et les accidents du travail couvre dorénavant l'ensemble des travailleurs des entreprises publiques ou privées disposant d'un certificat de résidence urbain.

Les travailleurs migrants, qui ne bénéficient pas de *hukou* urbain, en sont exclus. Un système différent – sur la base du volontariat – est appliqué aux résidents des zones rurales – dont les travailleurs migrants –, ainsi qu'aux résidents urbains non-salariés. Le système devrait progressivement être unifié afin d'assurer une couverture sociale universelle, condition *sine qua non* du succès de la transition économique vers plus de consommation intérieure que le pouvoir souhaite mettre en œuvre.

Toutefois, si ces mesures sont adoptées nationalement, c'est au niveau des gouvernements locaux qu'elles sont mises en œuvre. Endettées et confrontées à une baisse des revenus fonciers, les autorités locales ont toute latitude pour adapter les directives du gouvernement central aux conditions de vie locale. En pratique, l'unification du système de protection social est loin d'être achevée, renforçant les inégalités qui persistent entre zones rurales et zones urbaines.

33

La lutte contre la corruption est-elle une illusion ?

Les inégalités et les lacunes du système de protection sociale rendent insupportable une corruption qui concerne tous les secteurs de la société et s'appuie sur les réseaux traditionnels de « relations[1] » de type clanique. Si le Parti communiste avait construit sa légitimité sur la supériorité morale de ses cadres, le retour à des pratiques ancestrales, qui s'expliquent, aujourd'hui comme à l'époque impériale, par l'absence de contre-pouvoirs et de système légal indépendant, menace la survie du système.

C'est pour mettre fin à ce climat délétère que Xi Jinping a lancé, à son arrivée à la tête du Parti communiste en 2012, une campagne de grande ampleur de lutte contre la corruption. À des degrés divers, tous les échelons de l'appareil du Parti communiste et de l'armée sont concernés. Depuis 2012, plusieurs millions de personnes ont été concernés, à tous les échelons du Parti et de la société.

Au sein de l'APL, la Commission militaire centrale (CMC) a été touchée avec l'arrestation de deux de

1. *Guanxi* (关系).

ses anciens vice-présidents, les généraux Xu Caihou, décédé avant de pouvoir être jugé, et Guo Boxiong, condamné à la prison à vie en 2016. Tous deux sont accusés entre autres d'avoir participé à un vaste système de ventes de positions au plus offrant, hors de tout critère de qualification, chaque charge étant source de profits provenant de la corruption[1].

Cette campagne anti-corruption a reçu le soutien d'une population exaspérée par ce fléau qui accable la société et l'économie, des écoles aux hôpitaux en passant par la police, les tribunaux ou l'attribution d'autorisations pour les entreprises. Des critiques s'expriment toutefois. Un rapport de Transparency International, publié en 2020, place la Chine au 80e rang mondial (sur 180 pays) en termes de corruption et précise que 62 % des personnes interrogées considèrent que la corruption est un problème majeur. En l'absence de transparence et de garanties légales, la lutte anti-corruption – qui ne touche aucun proche du président Xi Jinping – apparaît comme l'instrument d'une lutte de clans prolongée entre l'actuel président et ses prédécesseurs. Le contrôle de personnalités susceptibles de présenter une menace pour la toute-puissance du Parti communiste explique aussi de nombreuses procédures. C'est le cas de Jack Ma, PDG d'Alibaba, l'un des hommes d'affaires les plus charismatiques et les plus puissants de Chine, qui a disparu pendant plusieurs mois en octobre 2020.

1. Yao Jianing, « PLA Daily Vows Strict Discipline for Chinese Army », *China Military Online*, 27 mars 2017.

Le retour à des pratiques d'un autre âge de confessions publiques et télévisées, d'autocritiques et d'internements « administratifs » et même d'exécutions a fait renaître jusqu'au sommet du Parti communiste un sentiment de crainte qui avait largement disparu depuis le début des années 1980. Celui-ci, bien qu'il puisse contribuer à consolider le pouvoir de Xi Jinping et de son entourage, pourrait aussi accroître les divisions au sein du Parti.

Si elle a des effets positifs, la lutte contre la corruption impacte également l'économie chinoise. Selon des experts, cette campagne aurait coûté un point de croissance à la Chine affectant particulièrement des secteurs comme ceux de la construction et des infrastructures. Les prises de décision dans les investissements, particulièrement au niveau local, sont ralenties, et l'implication d'importants responsables économiques d'entreprises d'État ou privées augmente les incertitudes.

34

Le marché du luxe en Chine est-il solide ?

En 2012, la Chine est passée devant le Japon et est devenu le premier pays consommateur de produits de luxe. Le marché du luxe et le boom du marché de l'art, caractéristiques d'une société où le pouvoir s'affiche par une consommation ostentatoire, ont été affectés par la campagne de lutte anti-corruption et la dénonciation publique de ceux qui violent les nouvelles règles de frugalité édictées par le Parti communiste. Toutefois, avec la crise du Covid-19, la Chine a conservé une place dominante dans le marché mondial, avec une part de marché de 20 %. En 2020, la consommation des produits de luxe en Chine a augmenté de 48 %, alors que le taux de croissance avait ralenti les années précédentes. En revanche, cette augmentation correspond aussi à une « rapatriation » de la consommation.

La Chine représentait 20 % du marché mondial du luxe en 2014, avec les taux de croissance les plus élevés au monde, mais, depuis cette date, les ventes de produits de luxe ont diminué. Les produits symboles de la corruption, tels que les montres et les alcools de prestige importés, ainsi que plus généralement les produits de marque porteurs de logos, ont été particulièrement touchés. Dans les salles des ventes, la cote des artistes chinois contemporains, longtemps portée par un marché des « cadeaux » en pleine expansion, aurait chuté de plus de 40 % en quelques mois.

Le marché du luxe en Chine reste toutefois cantonné à une partie de la population au revenu supérieur à 50 000 dollars par an, qui représente plus de 70 % des achats de ce type.

La Chine comptait, en 2020, 389 milliardaires dotés d'une fortune moyenne de 3,1 milliards de dollars. Mais la population des jeunes célibataires, moins fortunés mais sans responsabilités, constitue aussi une clientèle importante.

Le ralentissement économique a freiné jusqu'en 2019 le développement de ce marché fragile et on a assisté à un mouvement de fermeture de boutiques de grandes marques qui s'accompagne néanmoins d'une vague d'achats sur Internet renforcée en 2020.

35

Quel rôle pour les réseaux sociaux ?

Avec plus de 700 millions d'utilisateurs et un taux de pénétration évalué à 52 % de la population, avec des pics supérieurs à 70 % dans les grandes métropoles, la Chine connaît un développement massif d'Internet[1]. Les réseaux sociaux, qui ont constitué un espace de liberté accru, se sont développés massivement.

Ces nouveaux moyens de communication servent de support à de multiples échanges et favorisent la consommation, grâce à des plates-formes comme Alibaba, premier site de vente en ligne avec plus de 700 millions d'usagers en 2020. Les achats sur Internet représentent près de 2 000 milliards de dollars, et sont en croissance rapide[2], encore accélérée en 2020 par la crise du Covid-19. Cette progression touche les zones les plus éloignées des centres urbains, alors que 85 % des ruraux ont désormais accès à Internet, essentiellement grâce au support des téléphones portables.

1. Dans le monde, le taux moyen de pénétration d'Internet est évalué à 44 %.

2. La Chine représente 35 % des achats effectués sur Internet dans le monde.

Les réseaux sociaux, en dénonçant les dysfonctionnements du système, la corruption et les abus de pouvoir, ont servi de soupape de liberté à la population. Si Google, Twitter ou Facebook sont inaccessibles en Chine, comme le sont les sites de nombreux journaux étrangers, une offre concurrente, destinée au marché chinois, et plus facile à contrôler par les autorités, s'est développée. Depuis l'arrivée de Xi Jinping au pouvoir, le contrôle d'Internet s'est considérablement renforcé, et ce avec la complicité des plateformes locales. Les blogueurs vedettes « citoyens-journalistes » font l'objet d'une répression sévère. En 2020, le docteur Li Wenliang et plusieurs de ses collègues lanceurs d'alerte dès les premiers jours de la pandémie de Covid-19 en ont été victimes[1]. De même, la blogueuse citoyenne Zhang Zhan a été condamnée à quatre ans de prison au mois de décembre 2020.

Ainsi, alors qu'Internet pouvait apparaître comme un espace de liberté échappant par nature à la censure, le pouvoir chinois a démontré qu'un contrôle renforcé était possible grâce à des systèmes de pare-feu idéologiques à l'interdiction quasi totale des VPN et à la mobilisation d'une armée de « censeurs à 5 yuans », tout en préservant le minimum nécessaire au fonctionnement d'une économie ouverte[2]. La volonté affirmée

1. Le Dr Li Wenliang est décédé de la Covid-19 le 17 février 2020.

2. Sur un score maximum de 100, la Chine se situe au 10e rang en matière de liberté d'accès sur Internet. *Freedom on the Net 2020*, https://freedomhouse.org/sites/default/files/2020-10/10122020_FOTN2020_Complete_Report_FINAL.pdf.

de lutter contre les monopoles des grandes sociétés du net comme Alibaba, Tencent, Baidu ou Xiaomi (téléphones) s'inscrit aussi dans cette reprise de contrôle du pouvoir chinois sur tous les vecteurs d'expression autonomes.

36

Les ONG sont-elles toujours un contre-pouvoir ?

Les ONG (organisations non gouvernementales) qui se sont multipliées en Chine dans les années 2000 ont pu participer comme les réseaux sociaux à la structuration d'une société civile plus autonome. Selon le ministère des Affaires civiles, elles seraient plus d'un demi-million, si l'on inclut les « organisations sociales » enregistrées officiellement. Celles-ci s'occupent des principaux points de tension de la société chinoise contemporaine : la santé, l'éducation des enfants de migrants, la protection de l'environnement, le statut des femmes ou le droit du travail, en l'absence de syndicat indépendant.

Si les ONG ont longtemps pu se développer dans une zone grise de droit mal défini, on constate, comme dans le cas d'Internet, une volonté de reprise en main avec l'arrivée au pouvoir de Xi Jinping en 2012. Étrangères ou chinoises, elles sont soupçonnées d'être l'instrument d'une entreprise de subversion menée par les États-Unis, et plus généralement le monde occidental, dans le but d'aboutir à une transformation politique, par la diffusion de valeurs non compatibles avec la nature et le fonctionnement du régime chinois.

Marqué par l'expérience des « révolutions de couleur[1] » au début des années 2000, puis par les « Printemps arabes », le pouvoir chinois, après avoir autorisé une certaine libéralisation, craint le développement d'un processus de « contamination idéologique » qui deviendrait incontrôlable.

Une offensive a donc été lancée contre l'ensemble des ONG, surtout contre les ONG étrangères. Deux lois adoptées en 2016 rappellent l'interdiction de mener des actions politiques ou religieuses, d'agir « contre les intérêts de la Chine » pris dans un sens très large ou de mettre en danger « l'unité ethnique » du pays. Les contrôles financiers ont été renforcés et les ONG étrangères, obligatoirement sponsorisées par un partenaire chinois, sont tenues de déclarer leurs activités aux organes de sécurité pour obtenir l'autorisation de poursuivre leur action. Dans une démonstration de force du pouvoir chinois en guise d'avertissement, au mois de janvier 2016, un responsable d'ONG de nationalité suédoise avait été arrêté, mis au secret, puis soumis à une confession télévisée avant d'être expulsé. Le choix du repli et d'un contrôle idéologique renforcé témoignent à la fois de la puissance du régime mais aussi du sentiment d'incertitude idéologique qui le caractérise.

1. Les « révolutions de couleur » et les « Printemps arabes » désignent une série de soulèvements populaires soutenus par l'Occident. Ils ont causé dans certains pays en Eurasie et au Moyen-Orient des changements de gouvernement entre 2003 et 2006.

37

La question environnementale est-elle sans espoir ?

La Chine est confrontée à des défis environnementaux dont les coûts financiers et humains sont considérables. Cet enjeu pose la question de l'efficacité du système politique. Conscient de la gravité de la situation, le pouvoir chinois a réaffirmé à plusieurs reprises son soutien à l'accord de Paris (COP 21).

Le treizième plan quinquennal 2016-2020, dans le prolongement de la COP 21, que la Chine a ratifié en septembre 2016, prévoyait une série de mesures pour accélérer le passage à une économie plus « verte », où la part des industries les plus polluantes devrait se réduire au profit de celle des services. Alors que, depuis 2006, la RPC est devenue la première émettrice de gaz à effet de serre, le président Xi Jinping a fixé au mois de septembre 2020 l'objectif de neutralité carbone à 2060 et celui du pic des émissions de dioxyde de carbone à 2030.

Les objectifs de réorientation de l'économie vers un modèle de croissance plus durable et moins consommateur d'énergie devraient améliorer la situation environnementale. Le ralentissement économique significatif que la Chine connaît depuis 2013 a également entraîné une réduction notable de la consommation de charbon qui demeure toutefois très dominant, y compris pour le chauffage des ménages pauvres dans les zones très froides du nord et de l'ouest. Au 4e trimestre 2020, en dépit de la crise du Covid-19, les émissions de gaz à effet de serre ont connu un rebond.

Outre les enjeux de santé publique, l'attention du pouvoir pour les questions environnementales découle aussi de leur fort potentiel déstabilisateur. L'environnement, dans les villes comme dans les zones rurales, est devenu l'une des principales causes des tensions sociales et des manifestations. La gravité de ces problèmes provoque la perte de confiance des classes moyennes en la capacité du régime à relever les défis les plus importants auxquels fait face la puissance chinoise.

Avec l'Inde, la Chine est le pays qui concentre le plus grand nombre de villes les plus polluées au monde, en dépit des progrès qui ont réduit le taux d'émission des particules fines de 40 % depuis 2014. À Pékin, le nombre de jours « bleus[1] » a atteint 76 % en 2019, mais dans les campagnes, les rivières – à plus de 80 % – et les sols sont gravement pollués en raison de l'utilisation massive de pesticides.

En dépit de lois environnementales plus strictes, de la création en 2018 d'un nouveau ministère de l'Écologie et de l'Environnement, des velléités d'adoption d'un PNB (Produit national brut) vert qui permettrait de prendre en compte les critères environnementaux dans le calcul de la croissance, et de l'introduction de

1. Les jours « bleus » désignent les jours sans pollution.

critères liés à une bonne gestion environnementale dans l'évaluation des cadres locaux, les résultats sont très limités. La Chine fait face à une contradiction difficile à résoudre entre le renforcement des contrôles environnementaux et la nécessité de préserver la croissance économique.

La corruption et l'absence de système légal aggravent les défis environnementaux en Chine. La multiplication des catastrophes industrielles – des dizaines chaque année – le démontre.

L'épidémie de Covid-19 elle-même résulte de pratiques nuisibles à l'environnement telles que la consommation mal contrôlée d'espèces sauvages.

Enfin, en dépit des engagements non contraignants, la posture des autorités chinoises sur l'environnement et le réchauffement climatique est essentiellement motivée par un intérêt stratégique et la volonté de nourrir un dialogue fondé sur le concept « d'intérêts communs » par-delà les différences de régime.

38

La société chinoise est-elle confrontée à la délinquance ?

Si l'on s'en tient aux statistiques officielles, la Chine est beaucoup plus sûre que les sociétés occidentales. Le contrôle des armes à feu y est rigoureux et le nombre de meurtres s'élève à 0,5 pour 100 000 habitants avec un total de 7 525 en 2018. Le taux de criminalité serait trois fois moins élevé qu'aux États-Unis. Le taux de détention d'armes à feu est très faible et la politique de contrôle de la population et de répression particulièrement sévère et dissuasive.

Néanmoins, la Chine connaît une recrudescence de certains crimes qui traduisent les maux d'une société en plein bouleversement et le dynamisme des réseaux maffieux, souvent transnationaux, héritiers des anciennes triades. Malgré de lourdes peines – 46 types de crimes ou délits majeurs, dont le trafic de drogue, sont soumis à la peine capitale –, une présence importante des forces de sécurité et un taux de condamnation qui atteindrait 98 %, les vols se multiplient, particulièrement dans les régions touristiques. La fabrication de fausse monnaie, y compris les trafics liés au bitcoin, a pris des proportions massives et les trafics de produits contrefaits sont très importants. En

2020, la vente de faux vaccins contre la Covid-19 est devenue une fraude importante.

La consommation de drogue, fléau traditionnel de la société chinoise avec l'opium, qui avait pratiquement disparu jusqu'à la fin des années 1970, est redevenu un problème social. La Chine, qui a longtemps été un pays de transit pour l'héroïne produite dans le Triangle d'or – à la frontière entre la Thaïlande et la Birmanie – ou en Afghanistan, est devenue une zone de consommation significative, même si les chiffres restent nettement inférieurs à ceux des pays occidentaux. Selon les statistiques officielles, le nombre de consommateurs de drogue, enregistrés dans des programmes de traitements coercitifs, atteignait 2,4 millions en 2018. En réalité, il y aurait plutôt, en zone rurale comme en zone urbaine, 13 millions d'usagers. L'usage s'est également rajeuni et l'approvisionnement déplacé vers Internet.

La Chine est devenue l'un des principaux pays producteurs et consommateurs d'amphétamines et de drogues de synthèse qui représentent 56 % de la consommation, suivies par l'héroïne.

La Chine connaît en outre un type de criminalité lié aux dysfonctionnements du système social et aux déséquilibres démographiques induits par la politique de l'enfant unique. Dans les provinces les plus déshéritées comme le Guizhou ou l'Anhui, si les statistiques sont peu accessibles, les trafics d'êtres humains, femmes enlevées et vendues comme épouses ou prostituées ou enfants achetés pour travailler dans des conditions difficiles, dans les fours à brique ou les mines de charbon par exemple, sont des phénomènes répandus.

39

La société chinoise est-elle stable ?

Face aux tensions qui traversent la société chinoise, les manifestations de mécontentement et de violence se sont multipliées. Le nombre d'« incidents de masse » avoisinait les 200 000 par an au début des années 2010, avant que la publication des statistiques ne soit arrêtée. Ces manifestations reflètent, comme la pratique ancestrale mais très encadrée des pétitions aux autorités, un sentiment d'injustice et une insatisfaction quasi générale.

On retrouve, en tête des motivations, les conditions de travail, les questions environnementales, les confiscations de terre ou les expropriations arbitraires dans les zones urbaines. Près de la moitié de ces mouvements de contestation est dirigée contre des décisions officielles abusives et les autorités locales.

Les actes de terrorisme qui se sont multipliés au début des années 2010 sont essentiellement liés à la question musulmane au Xinjiang. Mais la destruction d'édifices publics, le lynchage d'officiels ou le recours aux explosifs représentent aussi une forme exacerbée de protestation et d'impuissance face aux injustices dans le pays dans son ensemble. Dans les zones de culture tibétaine, ce sont les immolations qui ont augmenté, impliquant des dizaines de religieux depuis 2009.

Quant au taux de suicide, il était officiellement de 8 pour 100 000 habitants en 2019. Si les femmes sont les premières victimes, particulièrement dans les campagnes, c'est aussi la première cause de mortalité chez les jeunes de 15 à 34 ans, enfants uniques porteurs des espoirs de leur famille, soumis à la pression des examens et aux difficultés de l'accès au marché du travail. Le suicide atteint aussi, dans des proportions significatives, les cadres accusés de corruption qui trouvent là un ultime moyen de préserver leur famille et de poser un acte de vengeance contre leurs accusateurs.

40

Pourquoi les Chinois quittent-ils la Chine ?

La crise du Covid-19 en 2020 a mis un coup d'arrêt, sans doute provisoire, aux mouvements migratoires et beaucoup de Chinois ont regagné leur pays. Mais jusqu'à cette date, alors que le potentiel de croissance de la puissance chinoise fascine le monde, des millions de Chinois ont choisi l'exil depuis l'ouverture de la Chine au début des années 1980, et le mouvement tend à s'accélérer. Si les motivations sont diverses, elles témoignent toutes d'un déficit de confiance en l'avenir de la puissance chinoise.

Pionniers de cet exil, les jeunes Chinois sont de plus en plus nombreux à tout tenter pour aller étudier à l'étranger, aux États-Unis, mais aussi au Canada, en Australie, en Grande-Bretagne et, dans une moindre mesure, au Japon en France ou en Allemagne. Ils étaient 670 000 en 2018, une augmentation de 11 % par rapport à l'année précédente, et 60 % des parents déclaraient vouloir offrir une éducation à l'étranger à leurs enfants, suivant ainsi l'exemple des dirigeants dont les enfants – comme la fille du président – ont tous étudié dans les plus prestigieuses universités américaines – qui devraient s'ouvrir à nouveau aux étudiants chinois avec l'élection de Joe Biden – ou britanniques.

Plus préoccupant pour l'avenir de la puissance chinoise, d'après les chiffres du ministère de l'Éducation, si 79 % de ces étudiants choisissaient de revenir en Chine en 2018, les meilleurs dans les disciplines scientifiques et détenteurs d'un Phd choisissent de rester, souvent aux États-Unis. La crise du Covid-19 a renversé cette tendance, mais la réticence au retour témoigne du peu d'attractivité de la Chine pour les porteurs des innovations de demain.

Cette volonté de départ se retrouve dans toutes les sphères de la société. Pour les moins privilégiés, l'immigration, vers l'Afrique ou encore l'Amérique latine, répond aux difficultés économiques et à une volonté de trouver des opportunités. Pour les classes moyennes et les milieux plus privilégiés, l'immigration est liée à un besoin de sécurité, notamment financière, et s'accompagne d'une fuite importante des capitaux que le pouvoir tente de maîtriser. Les craintes induites par la campagne anti-corruption et le contrôle de plus en plus strict de toute expression poussent les éléments les plus dynamiques à un exil de précaution, qui n'interdit pas les allers et retours dès lors que l'on est assuré de pouvoir repartir.

Plus positif, le tourisme à l'étranger se répand, bien que moins de 10 % de la population chinoise dispose d'un passeport. En 2018, 149 millions de touristes chinois se sont rendus à « l'étranger », dont plus de la moitié à Hong Kong et à Macao, où l'obligation de passeport n'existe pas. Au-delà, l'immense majorité, motivée par la possibilité de faire des achats à un tarif inférieur de 30 % aux prix pratiqués en Chine, s'est rendue en Europe et dans le reste de l'Asie, y compris au Japon et en Corée du Sud, destinations proches et très prisées. Cette arrivée massive de touristes chinois a entraîné un phénomène de surtourisme et de dépendance dont les effets délétères se sont fait massivement sentir à l'occasion de la crise du Covid-19 en 2020 et l'interruption des échanges.

À la différence du régime soviétique, l'ouverture des frontières joue encore un rôle essentiel de soupape de sécurité face aux tensions sociales et aux frustrations politiques. Pour beaucoup de Chinois, le choix du départ, définitif ou provisoire, remplace l'espoir et la volonté de faire évoluer de l'intérieur un système politique sclérosé.

POLITIQUE

41

La Chine est-elle toujours une démocratie populaire ?

Bien que la politique de réforme et d'ouverture inaugurée par Deng Xiaoping en 1979 ait bouleversé le système économique, les caractéristiques politiques fondamentales, établies en 1949 avec l'instauration du nouveau régime, n'ont pas radicalement changé. L'objectif des réformes demeure la survie du système politique. Plus de vingt ans après l'effondrement du bloc socialiste en Europe de l'Est, la RPC est toujours officiellement la dernière grande démocratie populaire dirigée par un Parti communiste. Et 2021, qui marque l'année du 100e anniversaire de la création du Parti communiste, doit aussi être celle du triomphe de ce système politique.

Le premier article de la Constitution proclame que « la République populaire de Chine est un État socialiste de dictature démocratique populaire » et que le Parti communiste dirige les différentes nationalités qui composent le peuple chinois « guidé par le marxisme-léninisme, la pensée Mao Zedong, la théorie Deng Xiaoping, l'important principe des trois représentations » et « l'approche scientifique du développement[1] ».

1. Ce jargon exprime les apports doctrinaux de générations de dirigeants qui, de Mao Zedong à Hu Jintao en passant par Deng Xiaoping

Les institutions du Parti communiste, qui regroupe plus de 89 millions de membres, l'emportent sur celles de l'État. L'APL demeure le bras armé du Parti et « il est interdit à toute organisation ou à tout individu de porter atteinte au régime socialiste, système fondamental de la République populaire de Chine ». En 2017, Xi Jinping, secrétaire général du Parti communiste, déclarait qu'« oublier l'histoire de l'URSS, Lénine et Staline, s'était s'engager dans la voie du nihilisme historique ». La Constitution du Parti communiste, adoptée et régulièrement amendée par le Comité central, l'emporte sur celle de l'État chinois.

Si huit micro partis politiques ont été maintenus aux côtés du Parti communiste, héritiers de la stratégie de front uni mise en œuvre pendant la période de conquête du pouvoir, leur rôle, uniquement de consultation, est insignifiant. C'est bien un système de parti unique d'inspiration léniniste qui gouverne aujourd'hui la puissance chinoise et la Chine demeure à ce titre un État totalitaire[1].

---

et Jiang Zemin, se sont succédé depuis 1949. Le président Xi Jinping devrait également imposer sa propre marque à la constitution du Parti.

1. Selon Zbigniew Brzezinski, une idéologie officielle, un parti unique, une police secrète, le contrôle de tous les *mass media* et des forces armées par le Parti et une économie centralisée sont les caractéristiques d'un État totalitaire.

42

Qui dirige la Chine ?

Si l'on a pu parler d'un triangle du pouvoir en Chine entre le Parti, l'État et l'armée, l'autorité réelle est concentrée au sein du Parti communiste chinois. C'est au titre de secrétaire général du Parti communiste, président de la Commission militaire centrale (CMC) du Parti, que le président chinois détient sa véritable puissance.

Depuis la disparition de Mao Zedong et de son successeur réformiste Deng Xiaoping, le Parti communiste avait connu un processus d'institutionnalisation qui, même imparfait, imposait des garde-fous pour éviter un retour aux dérives de la Révolution culturelle et garantir un système de transition apaisé. Le président de la République ne pouvait effectuer plus de deux mandats de cinq ans consécutifs. En 2018, l'Assemblée nationale a aboli cette limite et Xi Jinping, qui a renforcé son pouvoir, peut en théorie rester président à vie. Des règles non officielles d'âge limite, fixé depuis 2007 à soixante-huit ans, ont été mises en place[1]. Surtout, au sein du Comité permanent du bureau politique du Comité cen-

1. En théorie, si cette règle non écrite est appliquée, Xi pourrait être poussé à céder la place en 2022 lors du prochain congrès du Parti.

tral, un système de direction collective – toujours fragile – avait été instauré. Néanmoins, l'autorité suprême du Parti communiste et de ses instances dirigeantes n'est nullement remise en cause. Depuis 2017, Xi Jinping a également renforcé son pouvoir au sommet du Parti et sa « pensée pour une nouvelle ère du socialisme aux caractéristiques chinoises particulières » a été inscrite dans la constitution du Parti. Une forme de néo-culte de la personnalité de type maoïste s'est mise en place.

Le Congrès du Parti communiste chinois réunit à Pékin tous les cinq ans, généralement au mois d'octobre, plus de 2 200 délégués représentant les 89 millions de membres du Parti. Il élit, sur une liste de candidats quasi identique au nombre total de sièges, les 376 membres permanents et suppléants du Comité central, ainsi que ceux de la Commission centrale d'inspection de la discipline[1]. Le Comité central nomme le secrétariat général du Comité central, les membres de la Commission militaire centrale du Parti, les membres du bureau politique et le Comité permanent du bureau politique, l'instance la plus élevée du pouvoir en Chine. Dans la réalité, l'ensemble de ces nominations dépend d'un jeu de cooptations et de réseaux, et résulte de tractations entre différentes factions[2]. Depuis le 18e Congrès, qui s'est tenu en 2012, le nombre de membres du Comité permanent du bureau politique

1. Dans un effort d'ouverture démocratique, le nombre de candidats est environ 10 % supérieur au nombre total de sièges à pourvoir.

2. Ces tractations ont notamment lieu dans la station balnéaire de Beidaihe où se réunissent tous les ans en été ceux qui comptent au sommet du pouvoir.

est passé de neuf à sept membres, avec à leur tête Xi Jinping, secrétaire général du Parti communiste. Ce dernier n'a pas fait émerger de successeur.

Si, en théorie, le Congrès du Parti communiste est le détenteur du pouvoir à l'intérieur du Parti communiste, en pratique, ce sont les décisions du Comité permanent du bureau politique et de plus en plus celles de son secrétaire général qui s'imposent aux instances du Parti comme à celles de l'État. Le fonctionnement de ce Comité permanent demeure opaque, et il est difficile d'évaluer le degré de collégialité de la prise de décision, même si l'on s'accorde à considérer que, depuis l'arrivée au pouvoir de Xi Jinping en 2012, l'autorité s'est resserrée entre les mains du secrétaire général qui contrôle tous les organes et notamment la commission des lois et de la sécurité, soumise à une campagne d'éducation et de rectification de type maoïste en 2020.

43

La lutte contre la corruption est-elle un instrument de pouvoir ?

Dès 2012, le président Xi Jinping a lancé une campagne de lutte contre la corruption qui frappe les instances du Parti, de l'État, de l'armée et des grandes entreprises. Cette mesure répond à un constat réel déjà effectué par ses prédécesseurs. En l'absence de système légal, alors que le Parti communiste est placé en tant qu'organe dirigeant incontestable au-dessus du système judiciaire, la tentation de la corruption est au cœur du système. Quand les cadres décident de tout et que les intérêts en jeu sont considérables, la modestie des salaires officiels ne peut qu'encourager une pratique impossible à endiguer sans une remise en cause profonde des règles de fonctionnement du système politique. Si elle a toujours existé, la corruption s'est accrue avec l'ouverture économique et le développement rapide de ces trente dernières années. Les sommes en jeu considérables aggravent les inégalités qui minent la légitimité du Parti communiste.

Mais la lutte contre la corruption et son bras armé, la toute-puissante Commission centrale de contrôle de la discipline du Parti communiste, sont aussi des instruments au service du pouvoir dans les luttes de clans qui persistent entre les différentes factions. Les mesures anti-corruption s'attaquent aux « mouches », les officiels d'un rang relativement modestes, et aux « tigres » dont la stature et le pouvoir sont autrement plus importants. Depuis 2013, plus d'un million d'officiels, dont 146 cadres de haut niveau, ont été mis en cause. Xi Jinping n'a pas hésité à s'attaquer à un ancien membre du Comité permanent du bureau politique du Parti communiste, Zhou Yongkang, ancien responsable de la sécurité intérieure, brisant ainsi le tabou de la garantie de protection offerte aux dirigeants et à leurs réseaux de relations après la fin de leur mandat.

Toutefois, les tensions et les résistances fortes au sein du Parti communiste comme dans l'armée sont source de nouvelles fragilités. En février 2017, plus de cinq ans après le lancement des premières campagnes, une commission d'inspection révèlait la persistance de pratiques condamnées, particulièrement dans les entreprises d'État. Plus grave, l'influence de clans opposés à Xi Jinping n'aurait pas totalement disparu et des signes de mécontentement émergent régulièrement. La multiplication des appels à l'obéissance et au rassemblement autour des organes dirigeants du Parti communiste, dont Xi Jinping est présenté comme le « cœur », est le signe de ces difficultés persistantes. La lutte contre la corruption est également un moyen de maintenir un contrôle strict sur les champions économiques liés aux partis, mais dont la puissance financière, source d'autonomie, inquiète.

44

Quel est le pouvoir des institutions étatiques ?

Tous les ans, l'APN et la Conférence consultative politique du peuple chinois (CCPPC) se réunissent à Pékin. La réunion des « deux assemblées » se tient au mois de mars. En 2020, en raison de la crise du Covid-19, la « double session » a dû être repoussée, signe de la gravité de la crise. La CCPPC, composée de plus 2 000 délégués désignés, n'a qu'un rôle consultatif. Héritière de la politique de front uni, mise en place par le Parti communiste dès les années 1920, elle est censée représenter l'ensemble des intérêts de la nation, sous l'autorité du Parti communiste.

Dans son article 3, la Constitution précise que l'APN est l'organe le plus puissant de l'État. Composée d'environ 3 000 députés représentant les provinces, les régions autonomes et les forces armées, cette assemblée représentative est la plus importante au monde. En théorie, elle est l'organe par lequel le peuple exerce le pouvoir d'État. Élue pour cinq ans, elle supervise le Conseil d'État, chargé du fonctionnement de l'administration, la Commission militaire centrale de l'État, la Cour et le Parquet populaires suprêmes. Elle élit le président de la République et nomme, sur proposition de ce dernier, le Premier ministre ainsi que les ministres et l'ensemble des fonctionnaires de l'État central les plus importants. Cette organisation est reproduite au niveau local, des provinces aux communes.

Le pouvoir des institutions étatiques est soumis à celui du Parti communiste. Les responsables de l'État tirent leur autorité de leur position dans la hiérarchie du Parti. Le président de la République est le secrétaire général du Parti communiste, le numéro deux du Comité permanent du bureau politique est le Premier ministre, le numéro trois est le président du Comité permanent de l'APN et le numéro quatre est le président de la CCPPC. Enfin, les membres de la Commission militaire centrale du Parti communiste sont les mêmes que ceux de la Commission militaire centrale de l'État, qui n'a pas d'existence autonome.

En dépit de la subordination des organes de l'État à ceux du Parti communiste, une forme d'opposition – limitée car il n'y a qu'un candidat – peut en théorie s'exprimer lors de l'élection du président et du vice-président. Les résultats sont toujours positifs, mais la proportion de votes négatifs n'est pas inexistante. Dans le cas du président Xi Jinping, élu au mois de mars 2013, seuls un vote négatif et trois abstentions se sont exprimés. En revanche, en 1998, l'élection du président Jiang Zemin avait suscité 31 votes négatifs et 20 abstentions. Dix commissions, au sein de l'APN, dont la Commission des lois et celle des affaires financières et économiques, exercent également un rôle de contrôle ou d'impulsion significatif. Les rapports de la CCPPC permettent aussi d'aborder des enjeux importants.

45

Existe-t-il des limites à la toute-puissance du Parti communiste ?

Selon le principe du centralisme démocratique, le contrôle absolu du Parti communiste s'effectue par l'intermédiaire de ses 90 millions de membres et des cellules du Parti présentes dans toutes les institutions officielles et semi-officielles en Chine. Les organes de l'État sont doublés par ceux du Parti communiste et les « cadres » du Parti occupent des fonctions de rang équivalent au sein des organisations étatiques. En 2019, Xi Jinping a réaffirmé la domination du Parti communiste sur toutes les organisations, lui-même se situant « au cœur » du Parti. Le pouvoir s'exerce à travers de multiples commissions que Xi Jinping préside. Le contrôle idéologique et institutionnel des instances dirigeantes du Parti communiste a été renforcé aux dépens de la « démocratie interne » du Parti. Comme le proclame une déclaration officielle des dirigeants à l'occasion du 19e congrès en 2017 : « Le Parti communiste gouverne tout : le Parti, le gouvernement, l'armée, la société, l'éducation, l'Est, l'Ouest, le Nord et le Sud. »

Des cellules existent dans les entreprises d'État, et dans les entreprises semi-privées ou privées, chinoises ou étrangères, ainsi que dans les organisations officielles de la société civile telles que les ONG qui ont au moins trois membres du Parti communiste. En 2018, de nouvelles règles ont renforcé l'obligation d'établir des cellules du Parti dans toutes les organisations[1]. L'armée, le système judiciaire, les médias, l'enseignement sont soumis au contrôle du Parti. Ce système renforce l'opacité en brouillant l'organigramme de la prise de décision dans les entreprises ou les institutions.

Dans l'armée, dont l'autorité suprême est la Commission militaire centrale du Parti communiste, la hiérarchie des commissaires politiques s'impose à la hiérarchie militaire opérationnelle. La question de l'autorité et de la chaîne de commandement, en cas de conflit par exemple, n'est pas clarifiée, et pèse sur la modernisation des capacités de l'APL dans le contexte hypertechnologique des guerres contemporaines[2].

Les cellules du Parti permettent de relayer les directives de la direction et de contrôler toute critique. Des « campagnes d'éducation » sont organisées pour mobiliser et mettre en œuvre les décisions adoptées. Pourtant, à tous les niveaux, le Parti doit aussi composer avec des forces qu'il ne maîtrise pas en dépit des efforts de reprise en main de Xi Jinping. Les réseaux d'alliance et de loyauté, qui répondent à des logiques différentes de celle du Parti, sont à la source de blocages qui limitent

1. En 2021, il existe 4,6 millions de cellules du Parti communiste.

2. C'est un des éléments qui freine l'acquisition par la Chine d'une véritable force de dissuasion nucléaire sous-marine.

l'efficacité de ce maillage très fin, censé mobiliser l'ensemble de la société. La marge d'interprétation et de mise en œuvre par les secrétaires du Parti au niveau local diminue la portée des directives adoptées au niveau central si celles-ci ne correspondent pas à leurs intérêts. En 2020, le Premier ministre Li Keqiang a rappelé l'obligation de transparence en ce qui concerne les nouveaux cas Covid-19.

L'imbrication des réseaux économiques et de pouvoir dans les grandes entreprises d'État, les groupes de pression puissants, notamment dans les secteurs de l'immobilier et de l'énergie, le poids des autorités provinciales et la rivalité au sommet de l'État entre grands ministères influencent la capacité des autorités centrales du Parti communiste à imposer les décisions malgré la toute-puissance institutionnelle.

46

Y a-t-il des élections en Chine ?

La Constitution chinoise prévoit l'élection des représentants des assemblées populaires. Dans les villes, les provinces, les municipalités ayant rang de province, et à l'APN, les élections sont indirectes. Les députés sont élus par les représentants du niveau immédiatement inférieur. En revanche, dans les districts et les cantons, un système d'élections directes a été mis en place. La liste des candidats, légèrement plus nombreux que le nombre de sièges à pourvoir, est établie ou contrôlée par les organisations locales du Parti communiste.

Les nominations font l'objet de tractations financières, courantes malgré la lutte contre la corruption. En 2016, des dizaines de députés du Liaoning accusés « d'achats de votes » ont été déchus et condamnés. Le statut de représentant dans les Assemblées populaires, notamment pour certains hommes d'affaires, permet en effet en retour de tirer parti de l'influence acquise.

En théorie, la Constitution autorise les candidatures indépendantes, proposées par un groupe d'électeurs. Les quelques candidats indépendants ayant des motivations diverses, allant des protestations contre des injustices personnelles aux plaidoiries en faveur des réformes politiques et du respect de la Constitution, sont contrôlés et harcelés par les autorités, qui visent à limiter ce type d'initiative. Ce phénomène s'est renforcé avec l'arrivée au pouvoir de Xi Jinping.

Depuis les années 1980, les chefs de village peuvent être élus au suffrage universel direct. Les candidatures indépendantes sont autorisées en dépit du contrôle des comités villageois du Parti communiste et des autorités supérieures sur le choix des candidats. Ces élections « libres » ont été maintenues et l'éventualité de leur extension est régulièrement évoquée, comme par l'ancien Premier ministre Wen Jiabao, lors d'une conférence de presse donnée en 2012.

Avec l'arrivée au pouvoir de Xi Jinping, ce sont les appels à rejeter toute évolution allant dans le sens d'une démocratisation à l'occidentale et la condamnation des systèmes libéraux, source « d'instabilité » qui l'emportent. Les difficultés rencontrées par les démocraties occidentales et l'élection aux États-Unis de Donald Trump ont été utilisées par Pékin pour souligner la supériorité du système chinois d'élections « contrôlées ». Le contrôle en apparence réussi de la crise du Covid-19 par la Chine sert également ce discours de propagande sur l'inefficacité des démocraties.

47

Les syndicats ne sont-ils que de simples instruments du contrôle social ?

Créée en 1925, la Fédération des syndicats de Chine (ACFTU) et ses branches régionales et sectorielles, seule organisation syndicale autorisée, regroupe près de 300 millions de travailleurs. Organisation de masse placée, comme en URSS, sous l'autorité du Parti communiste, l'ACFTU n'a longtemps joué qu'un rôle de courroie de transmission et de mobilisation entre le pouvoir et les travailleurs au sein des entreprises. L'apparition d'un secteur privé ou collectif aux côtés du secteur d'État dans les années 1990 a progressivement fait évoluer ses missions et son rôle avec la multiplication des conflits portant sur le respect des contrats ou les salaires.

En 2001, la loi sur les syndicats précise pour la première fois que la mission de la Fédération est de « protéger les droits et les intérêts légitimes des travailleurs » avant « les intérêts globaux du peuple chinois ». Au cours des années 2000, l'ACFTU renforce sa présence dans les entreprises privées et les entreprises étrangères. Le cas de Wal-Mart, obligé d'accepter une branche du syndicat dans ses filiales installées en Chine, est symbolique.

En 2008, l'ACFTU joue un rôle de lobbying en faveur des travailleurs lors de l'adoption d'une série de lois portant sur l'organisation du travail et la gestion des conflits. La multiplication des grèves dues aux conditions de travail et aux salaires dans la province du Guangdong en 2010 impose à la Fédération, menacée d'être débordée par des organisations autonomes revêtant la forme d'ONG non officielles, d'évoluer en acceptant le principe de négociation collective. Ce changement marque une rupture pour un syndicat dont le représentant dans les entreprises est en général un membre de la direction. Le principe de l'élection des délégués syndicaux par les travailleurs eux-mêmes est progressivement accepté. L'augmentation significative du salaire moyen que la Chine a connu entre 2006 et 2016 est l'un des principaux résultats de ce changement de positionnement. En revanche, les organisations de la société civile qui tentent de défendre les travailleurs sont sévèrement réprimées.

Ces évolutions restent toutefois limitées. En effet, d'après le site officiel de l'ACFTU, qui compte 300 millions de membres et 1 million de cadres, si la « négociation collective » doit devenir une priorité pour le syndicat, l'objectif demeure de « préserver l'harmonie », tout en offrant aux travailleurs une plate-forme contrôlée où exprimer leurs revendications. Par ailleurs, il semble que la Fédération puisse être mobilisée par le pouvoir pour exercer des pressions sur les entreprises étrangères, tout en conservant un rôle de contrôle de tensions dans les entreprises chinoises. Enfin, Pékin n'a toujours pas signé les conventions fondamentales de l'OIT sur le droit d'association, de négociations collectives et sur le travail forcé. Des intermédiaires spécialisés utilisent leur réseau et la corruption pour fournir aux entreprises sous-traitantes de grands groupes étrangers les documents destinés à prouver leur respect des règles concernant le temps de travail, les salaires et le travail des enfants.

48

Les réformes politiques sont-elles possibles ?

La question des réformes politiques en Chine se pose depuis les années 1980. Après le coup d'arrêt donné aux espoirs de changements graduels par la répression qui a suivi les manifestations démocratiques du printemps 1989, la question de l'adaptation du système politique à la situation radicalement nouvelle, résultant des réformes économiques et des bouleversements sociaux, n'a pas été résolue. Les tensions de plus en plus fortes entre les principes autoritaires du « centralisme démocratique » et une réalité de plus en plus complexe fragilisent le régime.

En dépit de ces contradictions, les autorités rejettent le principe d'une transition démocratique qui pourrait aboutir à un « changement de régime » et entraîner la fin du monopole du Parti communiste. À ce titre, pour la puissance chinoise, l'URSS de Mikhaïl Gorbatchev constitue un contre-exemple, objet de nombreuses études et analyses. En 2012, l'un des premiers discours de Xi Jinping, nouveau secrétaire général du Parti communiste, a été consacré à la « faiblesse » des dirigeants soviétiques de l'époque, incapables d'empêcher l'effondrement du régime. Depuis, la priorité de Xi Jinping a été la reprise en main idéologiquement et le contrôle social pour éviter tout « changement de régime ».

Le cadre d'analyse des dirigeants chinois repose sur le principe d'une contradiction irréductible entre deux systèmes politiques. Toute évolution allant dans le sens d'une plus grande démocratisation est perçue comme une faiblesse annonçant la défaite future. Dans ce contexte, après une période de relative ouverture politique, on constate depuis l'arrivée au pouvoir de Xi Jinping un recul des modestes avancées précédentes et une volonté de reprise en main idéologique, condamnant tout espoir de réformes politiques.

En 2013, une directive du Parti communiste appelait au rejet sans concession de la démocratie à l'occidentale, des droits de l'homme, de l'indépendance des médias et des « critiques nihilistes » contre le Parti[1]. Il s'agissait pour le président Xi Jinping de démontrer que le régime établi par Mao Zedong en 1949 représentait toujours le sens incontestable de l'histoire.

Pourtant, l'absence de réformes politiques établissant un système de contrôle au-dessus du Parti communiste pèse sur la capacité du régime à résoudre les tensions qui minent sa légitimité. L'absence de système judiciaire indépendant, la volonté de maintenir le contrôle du Parti communiste sur l'information ne permettent pas de mettre un terme à la corruption massive des élites et l'une de ses conséquences les plus dramatiques a été la crise du Covid-19 qui a causé dans le monde en

1. « Document 9, Communique on the Current State of the Ideological Sphere », http://www.chinafile.com/document-9-chinafile-translation, 22 avril 2013.

2020 plus de 2 millions de morts. En outre, l'absence d'ouverture et de réformes politiques pèse également sur les capacités d'innovation, qui seules permettraient à la Chine d'accomplir un bond en avant sur l'échelle de qualité des capacités de production.

49

La Chine est-elle une méritocratie efficace ?

L'argument de la supériorité du régime chinois fondé sur la méritocratie des élites est souvent avancé, même si en 2015 la Chine se situait au 50e rang dans le monde en matière d'efficacité des pouvoirs publics et de gouvernance[1]. Depuis Deng Xiaoping, les dirigeants chinois au plus haut niveau, sélectionnés des années à l'avance, occupent des fonctions diverses au niveau provincial et au niveau central. Ils ont été préparés progressivement, notamment dans les écoles du Parti, à leur tâche de dirigeant suprême. Leur choix résulte toutefois autant d'un compromis entre factions que de leurs compétences.

Les critères de sélection depuis Deng Xiaoping, dernier représentant d'une génération détentrice d'une légitimité révolutionnaire, ont changé. Jiang Zemin (secrétaire général de 1989 à 2002) et Hu Jintao (secrétaire général de 2002 à 2012) étaient des apparatchiks qui avaient une formation d'ingénieurs, le premier avait étudié à Moscou dans les années 1950.

Quant à Xi Jinping, l'un des Princes rouges, il est l'héritier d'un « héros révolutionnaire », même si son

1. Source : Banque mondiale.

père, Xi Zhongxun, haut dirigeant du régime après 1949, a subi les purges de Mao Zedong. Néanmoins, la formation intellectuelle de Xi Jinping a été limitée par la Révolution culturelle. Il fait partie de cette génération de jeunes qui n'ont eu qu'un accès tardif et limité aux études supérieures, et n'ont pas bénéficié de contacts avec l'étranger. La formation des dirigeants plus jeunes reflète les évolutions que la Chine a connues ces dernières années. Ils sont plus nombreux à avoir fait des études supérieures, parfois brillantes, en Chine et – pour certains – en Occident, notamment aux États-Unis qui demeurent la destination préférée des élites.

En dépit de ces évolutions, le système de promotion dans les rangs du Parti reste déterminé, en dépit des campagnes de lutte contre la corruption par les réseaux de relations, entre autres familiaux, et par l'achat plus ou moins direct – et illégal – de charges. Ces pratiques relativisent le caractère méritocratique du régime.

Par ailleurs, un taux de croissance dynamique et le maintien de la stabilité sociale, qui passe par un contrôle efficace des oppositions, restent les deux principaux critères de promotion des cadres locaux. Ceux qui s'efforcent de mettre en place une politique plus égalitaire et soucieuse d'un développement durable – conforme aux objectifs officiellement proclamés de la puissance chinoise – sont rarement récompensés par une progression de carrière.

50

Entre slogans et culte de la personnalité : la Chine redevient-elle maoïste ?

La réforme des institutions du Parti communiste mise en place par Deng Xiaoping au début des années 1980, grâce notamment au principe de direction collective, voulait éviter le retour aux dérives du culte de la personnalité et de la Révolution culturelle. Il s'agissait en outre d'assurer une succession apaisée qui garantisse aux dirigeants précédents et à leur clan un niveau de sécurité leur permettant d'accepter de se retirer du pouvoir suprême sans risque. En 2012, l'élimination de Bo Xilai, fils de Prince rouge comme Xi Jinping, le tout-puissant chef du Parti de Chongqing, s'explique par la volonté des dirigeants de l'époque d'éviter l'émergence d'un leader charismatique qui avait introduit dans son fief des pratiques de culte de la personnalité et de propagande inspirées de la Révolution culturelle.

Xi Jinping semblait plus consensuel à ses pairs. Élevé au rang de « noyau dirigeant[1] » en 2016, titre que n'avait pas obtenu son prédécesseur, Xi Jinping, formé à l'école du maoïsme révolutionnaire, sur-

1. 领导核心.

nommé « oncle Xi[1] », a laissé se développer une production d'affiches de propagande et de clips sur Internet, proches de l'imagerie de la Révolution culturelle, alors que le culte de la personnalité de Mao Zedong était à son apogée. *L'Orient est à nouveau rouge*, court-métrage à la gloire de Xi Jinping, se réfère directement à l'hymne maoïste des années 1960, *L'Orient est rouge*. Centrés sur la thématique du « rêve chinois », mot d'ordre lancé par Xi Jinping à son arrivée au pouvoir, les slogans envahissent l'espace public. Et, à la télévision, la diffusion de films de propagande et de spectacles nationalistes s'intensifie. À l'étranger les réalisations du président Xi Jinping sont constamment mises en avant par la propagande chinoise, et notamment sa « victoire contre la Covid-19 ».

Avec une volonté apparente de contourner le principe de direction collective, Xi Jinping a pris la tête d'une dizaine de commissions importantes, telles que la Commission sur la sécurité nationale, celle sur l'approfondissement des réformes, sur les affaires financières et économiques ou sur l'intégration de la production civile et militaire.

S'il a pu imposer une image de leader suprême en s'appuyant sur l'appareil de propagande, la libéralisation de la société chinoise depuis quelque quarante ans limite en partie la portée de ce retour en arrière. Les dirigeants qui partagent le pouvoir avec Xi Jinping ne semblent pas disposés à abandonner totalement le prin-

1. *Xi dada* (习大大).

cipe de collégialité qui, depuis la fin des années 1970, a garanti une certaine stabilité à la direction chinoise et des oppositions, de la part des cadres importants du Parti, se sont exprimées. Ces oppositions entraînent désormais des arrestations.

51

Quel est le rôle de l'appareil de propagande ?

Au sein du Parti communiste, l'appareil de propagande formate le discours destiné à donner une image positive d'une puissance chinoise sûre d'elle-même. Le département de la propagande du Parti communiste, rebaptisé dans les traductions officielles chinoises « Département de la publicité », bien que le nom chinois n'ait pas changé[1], joue un rôle majeur dans le système politique chinois. Au cœur du pouvoir, son directeur, nommé par le secrétaire général du Parti communiste, est membre du bureau politique. Comme le rappelait Xi Jinping en 2016 à l'occasion d'une visite aux trois principaux médias que sont l'agence de presse Xinhua, le *Quotidien du peuple* et la CCTV (China Central télévision) : « Les médias, gouvernés par le Parti, constituent la ligne de front de la propagande. »

1. *Zhongxuanbu* (中宣部) signifie « département de la propagande », mais le Parti communiste a choisi de traduire ce terme par « département de la publicité ». Le nom en chinois est toujours le même mais la traduction officielle qui auparavant était « département de la propagande » est devenue « département de la publicité ».

Le département de propagande du Parti communiste supervise directement les médias, radio, télévision, presse écrite, production intellectuelle, réseaux sociaux, et diffuse des directives autorisant, orientant ou interdisant le traitement des sujets. Le flou des consignes, qui ne sont pas rendues publiques, favorise l'autocensure par crainte de mesures de rétorsion. Les journalistes et les « travailleurs de la culture » sont tenus d'assister à des séances de formation idéologique, et les départements de journalisme, dont celui de la prestigieuse université Fudan à Shanghai, fondé en 1929, sont placés sous son autorité.

L'appareil de propagande contrôle – avec un succès croissant – et oriente les discussions sur les réseaux sociaux et Internet en rémunérant une armée de censeurs, auteurs de centaines de millions de faux commentaires. Les contrôles ont été particulièrement sévères lors de la crise du Covid-19, interdisant toute contestation des décisions des dirigeants et toute information sur la situation réelle. Au mois de décembre 2020, la « citoyenne-journaliste » Zhang Zhan a été condamnée à quatre ans de prison pour ses reportages sur la ville de Wuhan confinée. Au mois de décembre 2019, le médecin lanceur d'alerte Li Wenliang, décédé depuis de la Covid-19 à 33 ans, avait été convoqué par la police. Toute information non autorisée a le statut de « secret d'État » et peut conduire à l'arrestation d'étrangers comme de citoyens chinois.

Depuis la fin des années 2000, la Chine consacre d'importants moyens financiers à son appareil médiatique et de propagande à l'étranger, placé sous l'autorité du bureau des affaires de propagande extérieure du Parti communiste et du bureau d'information du Conseil d'État. Les journaux officiels chinois sont aussi disponibles sur Internet en langue anglaise. Sur le continent africain, les stations de radio chinoises en français et en anglais ont été multipliées. Pékin a créé une chaîne de télévision de diffusion continue en langue anglaise et est actif sur Internet, dans le but de mobiliser les Chinois installés à l'étranger et de faire taire les critiques en utilisant des armées de « bots » sur les réseaux sociaux (Facebook, Twitter), pourtant interdits en Chine. Enfin, la diplomatie des « loups guerriers » active pendant la crise du Covid-19 en 2020 est la prolongation de ce travail de propagande.

Bien que l'arme de la propagande soit au cœur de la stratégie intérieure et extérieure de la Chine, avec la mobilisation de tactiques de « front uni », son efficacité est à relativiser, que ce soit auprès de la population chinoise ou des audiences étrangères. En 2020, l'image de la Chine s'est effondrée pour la majorité des pays développés avec plus de 70 % d'opinions négatives.

52

Pourquoi la censure se renforce-t-elle ?

Après des années de relative libéralisation de fait, on constate une nette recrudescence de la censure au nom de la préservation de la « stabilité ». Dans un classement publié en 2020, Reporter sans frontières plaçait la Chine au 177e rang sur 180 pays au classement mondial de la liberté de la presse. Dans un discours prononcé au cours d'une visite d'inspection des principaux médias, le président Xi a exigé de leur part une « loyauté absolue[1] ». Les appels au renforcement du contrôle idéologique dans les universités et à la censure des sources occidentales se sont multipliés depuis 2015. En 2017, les Presses universitaires de Cambridge ont été soumises à l'obligation de censurer le contenu de revues diffusées en Chine.

Ce durcissement s'explique par le sentiment de vulnérabilité du pouvoir. Si le régime peut se targuer de résultats impressionnants, il se retrouve confronté à une contestation qui l'inquiète. Au mois de janvier 2015, une réunion du bureau politique du Parti communiste entérinait le concept de « sécurité natio-

1. « Xi Jinping Asks Absolute Loyalty from Chinese State Media », *The Guardian*, 19 février 2016.

nale aux caractéristiques chinoises » pour parer à une situation de risques qualifiée de « sans précédents », parmi lesquels la multiplication des conflits sociaux. La loi sur la sécurité nationale adoptée par l'APN en 2015 mentionne la « sécurité politique » et la « sécurité culturelle », alors que les réseaux sociaux permettent techniquement d'accéder à des sources d'information plus indépendantes, y compris en provenance de l'étranger.

Devant ces inquiétudes, le contrôle des moyens d'information est de plus en plus efficace avec l'instauration d'un pare-feu idéologique qui supervise l'ensemble de l'Internet chinois. Dès 2013, une série de mesures et l'arrestation des bloggeurs les plus actifs, accusés de diffuser des « rumeurs », ont signalé la reprise en main d'Internet par les autorités, qui redoutent de perdre le contrôle idéologique. En 2016, une réglementation a renforcé la censure existante et le contrôle strict des fournisseurs d'accès. En janvier 2017, l'interdiction des VPN[1] « non autorisés » a renforcé le dispositif. À la tête du groupe de travail du Comité central sur la sécurité Internet et l'informatisation, le président Xi Jinping rappelle que les nouveaux moyens de communication doivent contribuer à « renforcer les valeurs du socialisme » face aux risques posés par la « contamination idéologique » en provenance de l'Occident. Sur Internet, l'intelligence artificielle et les algorithmes

1. En informatique, un réseau privé virtuel (RPV et VPN, Virtual Private Network) est un système qui permet de créer un lien direct entre des ordinateurs distants et de masquer l'origine des communications.

permettent de rendre plus « efficace » cette censure totalitaire.

La censure se durcit dans la presse, les milieux de l'édition et l'université. Des enseignants connus pour leurs positions favorables à une plus grande libéralisation politique et sociale sont arrêtés et condamnés comme le professeur Xu Zhangrun en 2020[1]. Ces arrestations ont tenu lieu d'avertissement à qui serait tenté de poursuivre des activités jugées trop critiques par un pouvoir central incertain de sa survie à long terme.

1. Xu Zhangrun, professeur de droit, avait critiqué le culte de la personnalité de Xi Jinping et la question de la pandémie de Covid-19, réclament plus de transparence.

53

Comment fonctionnent les organes de sécurité intérieure ?

Pour affirmer son autorité, le régime mobilise un important appareil de sécurité dont le budget est passé de 22 milliards de dollars en 2003 à 139 milliards de dollars en 2019. En 2014, une commission dirigée par Xi Jinping, dont l'objectif est d'assurer à la fois la sécurité de l'État et la stabilité sociale, en prenant en compte un continuum de menaces entre la situation intérieure et les défis externes, a été mise en place. La mission de rationalisation de l'appareil de sécurité est double : parer à la multiplication des attentats depuis 2010, et reprendre en main les organes de sécurité dans le cadre de la lutte de clans, qui s'est notamment traduite par l'arrestation de Zhou Yongkang, le tout-puissant chef de la sécurité de 2007 à 2012.

Les composantes de l'appareil de sécurité de l'État et du Parti communiste sont garantes de la stabilité. Le ministère de la Sécurité publique assume la sécurité intérieure, dont la sécurité « politique ». La Police armée populaire (PAP), organisation paramilitaire composée en 2016 de plus d'1 million d'hommes, est placée sous l'autorité à la fois du ministère de la Sécurité publique et de la Commission militaire centrale. La première mission de la PAP est de garantir la stabilité intérieure, au service du Parti communiste. Le ministère de la Sécurité d'État, en charge du contre-espionnage, joue un rôle dans le contrôle des « activités contre-révolutionnaires visant à saboter ou renverser le système socialiste ».

Au sein du Parti communiste, des procédures administratives permettent un internement prolongé, en dehors du système judiciaire. Cette procédure est appliquée dans le cadre du programme anti-corruption contre les membres du Parti communiste. Les assignations à résidence d'opposants sont courantes, ainsi que les prisons non officielles visant les porteurs de pétitions qui tentent de faire entendre leurs griefs en s'adressant aux échelons administratifs supérieurs.

Le système des camps de travail, créé dans les années 1950, n'a pas disparu. En 2013, le système de « rééducation par le travail[1] », essentiellement destiné au contrôle des « asociaux », petits criminels, drogués, prostitués ou vagabonds, qui permet un internement sans jugement pour une période de trois à quatre ans, a été officiellement aboli. Il est remplacé dans les faits par des « centres de réhabilitation » remplissant quasiment les mêmes fonctions. En revanche, le système de « réforme par le travail[2] » a été maintenu. Les opposants politiques ou religieux condamnés par la justice sont internés dans des prisons situées à la campagne ou en zone périurbaine où le travail est obligatoire. Les informations sur le *laogai* en Chine sont classées « secret

1. *Laojiao* (劳教).
2. *Laogai* (劳改).

d'État », mais on considère qu'il y aurait entre 500 000 et 2 millions de détenus. Ce système a été porté à son paroxysme dans la région autonome du Xinjiang où, selon un rapport récent, plus de 500 000 personnes seraient soumises au travail forcé[1]. En outre, de nombreux dissidents non encore « criminalisés » sont « assignés à résidence » ou surveillés en permanence par la police. C'est le cas de ceux qui sont tentés d'exposer la réalité de la gestion de la pandémie.

---

1. Adrian Zenz, « Coercive Labor in Xinjiang: Labor Transfer and the Mobilization of Ethnic Minorities to Pick Cotton », *Center for Global Policy Briefs*, 14 December, 2020.

54

La Chine est-elle une dictature sans dissidents ?

Si les dissidents chinois sont moins visibles internationalement que ne l'étaient les dissidents soviétiques, héritiers d'une longue tradition d'intelligentsia, ils existent : des dizaines d'entre eux sont soit emprisonnés soit interdits de séjour en RPC. L'activisme ouvertement politique est toutefois limité par la répression. Pourtant, des formes de protestation se sont développées, comme le refuge dans la religion : plus de 62 % des croyants chinois ont entre 16 et 39 ans.

Trois noms symbolisent la dissidence depuis la fin des années 1970. En 1979, Wei Jinsheng, un jeune électricien du zoo de Pékin, a participé au mouvement du Printemps de Pékin utilisé par Deng Xiaoping pour abattre les factions maoïstes actives au sommet du Parti. En publiant et en signant *La Cinquième Modernisation, la Démocratie*, Wei Jinsheng allait à l'encontre de l'objectif des réformes mises en œuvre par Deng Xiaoping, consistant à assurer la survie et le renforcement du pouvoir du Parti, et non sa disparition. Condamné à la prison pour avoir « dévoilé des secrets d'État », condamné de nouveau en 1996, Wei

Jinsheng a été finalement expulsé vers les États-Unis en 1997.

Wu Er'Kaixi a été l'un des principaux responsables des manifestations pour la démocratie organisées place Tiananmen à Pékin au printemps 1989. Élu à la tête de la confédération autonome des étudiants chinois, organisateur d'une grève de la faim, il a tenu tête au Premier ministre Li Peng, accusé de ne pas avoir rencontré les représentants du mouvement étudiant en dépit de son ampleur massive. Ayant réussi à fuir après la répression violente du mouvement le 4 juin 1989, il vit désormais à Taïwan.

Troisième figure majeure, Liu Xiaobo, écrivain et enseignant, a signé la Charte 08, diffusée sur Internet le 10 décembre 2008 pour célébrer le soixantième anniversaire de la Déclaration universelle des droits de l'homme. Se revendiquant du modèle de la Charte 77 publiée par des dissidents tchèques en faveur du respect des droits de l'homme comme le prévoyait la conférence d'Helsinki de 1975, cette initiative a particulièrement inquiété le pouvoir chinois. La Charte 08 demandait en effet la fin du système de Parti unique et la séparation des pouvoirs. Arrêté en 2008, Liu Xiaobo a été condamné en 2009 à onze ans de prison pour subversion. Il reçoit le prix Nobel de la paix – sans que ni lui ni son épouse ne puissent se rendre à Stockholm – en 2010. Toujours emprisonné, il meurt d'un cancer du foie non soigné le 13 juillet 2017[1].

1. Liu Xiabo est le second Prix Nobel à mourir en prison après Carl von Ossitzky, sous le régime nazi, en 1938.

Malgré sa résilience, la dissidence organisée en Chine est fragilisée par la répression qui frappe les opposants, les avocats ou les journalistes indépendants. En 2017, plus de 200 avocats, défenseurs revendiqués des Droits de l'homme et du respect des droits constitutionnels, ont été arrêtés. La répression s'est encore renforcée en 2020 à l'occasion de la pandémie de Covid-19, pour faire taire toute voix contestant la version officielle des faits. Des « blogueurs-citoyens » ont disparu ou ont été arrêtés et condamnés à de lourdes peines, comme les médecins qui avaient tenté de lancer une alerte dès la fin du mois de décembre 2019.

55

Le pouvoir en Chine est-il tout-puissant ?

Le régime chinois projette une image de pouvoir centralisé et puissant, qui s'est affermie avec la nomination de Xi Jinping. En 2016, un éditorial du *Quotidien du peuple* résumait en une formule la situation : « Un pays, un Parti, une direction centralisée. » Toutefois, l'autorité du pouvoir central est battue en brèche par les pouvoirs locaux, politiques, administratifs ou économiques, qui suivent leurs propres intérêts. La multiplication des appels à une discipline stricte et à une loyauté inconditionnelle montre les difficultés que les autorités centrales ont à mobiliser et à faire appliquer les décrets adoptés à Pékin. Localement, les fonctionnaires, dont les perspectives d'enrichissement ont été réduites par la campagne de lutte contre la corruption, choisissent l'immobilisme[1]. Au mois de décembre 2019, les autorités locales à Wuhan ont hésité à communiquer et à prendre des mesures radicales pour freiner la pandémie de Covid-19.

1. Wang Xiongwei, « Pen Pushers and Paper Tigers. China's Bureaucrats are Still Good at Getting their Way », *South China Morning Post*, 17 avril 2016.

Plus que le centralisme, c'est donc l'éclatement des centres de décisions qui s'impose et freine la mise en œuvre de ces dernières. Pour pallier au manque de moyens, les autorités locales ont également recours à des ressources propres, sous la forme de taxes locales ou de prise de bénéfices dans des entreprises, ce qui accentue la collusion entre les milieux d'affaires et les autorités locales, ou grâce à la vente de terres réquisitionnées au nom du « bien commun[1] ». Sur le plan économique, les mesures visant à contrôler les surcapacités dans des secteurs comme l'acier ou le charbon sont contournées par les entreprises avec la complicité des autorités locales dont les revenus et les chances de promotion dépendent du taux de croissance de leur juridiction.

Divisée en 22 provinces, cinq régions autonomes, quatre municipalités et deux zones administratives spéciales, la Chine compte en outre trois échelons d'administration sous-provinciale : la préfecture (ou grande municipalité), le district (ou petite municipalité) et le canton (ou bourg), qui constituent autant de fiefs locaux. En dessous, on trouve encore quelque 580 000 « villages ». À chaque échelon, l'autorité locale du Comité du Parti l'emporte, elle est la seule à jouer un rôle effectif dans la promotion des carrières et l'attribution des avantages. Le pouvoir central n'exerce

1. « Reluctant Reformers », *CP Signal*, policycn.com, 28 avril 2017. Dans le système chinois, la terre appartient « au peuple tout entier » dans les zones urbaines et est « collective » à la campagne. Dans un cas comme dans l'autre, la terre est gérée par les instances du Parti communiste. La propriété privée se limite au bâti.

directement son autorité – dans une certaine mesure – que sur les provinces, municipalités et régions autonomes dont il maîtrise les postes les plus élevés.

Le pouvoir actuel est donc au moins en partie soumis aux mêmes contraintes que le pouvoir impérial, et son autorité est loin d'être absolue sur l'ensemble du territoire. Comme le souligne un adage ancien : « Le ciel est haut et l'Empereur est loin[1]. »

1. *Tian gao huangdi yuan* (天高皇帝远).

56

Les minorités nationales ont-elles des droits ?

Selon la Constitution chinoise, « la Chine est un État multiethnique uni » et le discours officiel fait remonter cette caractéristique aux temps les plus anciens. Suivant la voie tracée par Staline, le nouveau pouvoir installé en 1949 a procédé à un recensement minutieux des « minorités » pour lutter contre les pratiques « féodales » et « primitives », et contrôler des zones qui occupent plus de 50 % du territoire national.

Aujourd'hui, la Chine est officiellement composée de 56 « groupes ethniques », dont les Hans, qui représentent 91 % de la population[1]. Entre 1947 et 1965, cinq régions autonomes ont été créées au fur et à mesure de la consolidation du pouvoir communiste sur l'ensemble du territoire, en Mongolie, au Xinjiang, au Guangxi (Zhuang), au Ningxia (Hui), puis au Tibet. Il existe également des préfectures, des districts et des cantons autonomes.

---

1. Dans les traductions en langues étrangères, le terme de « nationalité » utilisé jusque dans les années 1990 a été abandonné au profit de celui « d'ethnie », dont la dimension porteuse d'autonomie est moins présente.

Le principe officiel est celui de l'égalité avec, en théorie, les mêmes droits garantis par la Constitution. Ainsi, les « minorités » ont en théorie le droit de pratiquer leur langue et de préserver leurs coutumes : leurs représentants à l'Assemblée nationale où à la Conférence consultative politique du peuple chinois sont encouragés à porter les « costumes nationaux » lors des réunions annuelles à Pékin. Si la pratique des langues minoritaires est autorisée, elle est volontairement marginalisée : dès l'école primaire, l'enseignement se fait principalement en mandarin. En 2020, des manifestations ont eu lieu contre la réduction de l'usage du mongol dans les écoles.

Quant à la liberté de culte, elle est protégée par l'État, mais elle doit s'exercer « dans le respect du droit et d'une pratique normale ». Dans les régions où se trouvent les minorités ethniques, une marge d'interprétation des lois adoptées par le pouvoir central est tolérée. Par exemple, les règles de contrôle des naissances, ainsi que celles de l'âge du mariage, diffèrent ; il est fixé à 18 ans pour les filles et à 20 pour les garçons au lieu de 20 et 22 ans dans le reste de la Chine.

Depuis 2008, les membres des minorités ethniques n'ont plus le droit de créer des associations pour la défense de l'environnement ou l'éducation. Les minorités musulmanes au Xinjiang et au Ningxia, ainsi qu'au Tibet, sont visées par ces mesures. Au Xinjiang, une volonté de contrôle de type génocidaire a été mise en place avec une politique de stérilisation forcée. Les arrestations sont nombreuses, ainsi que les pratiques de travail forcé qui touchent plus de 500 000 personnes. La pratique religieuse est sévèrement limitée et les organes de sécurité sont omniprésents, s'appuyant sur la reconnaissance faciale et l'intelligence artificielle. Dans le même temps, les sites culturels et religieux sont détruits.

La politique de développement de l'Ouest, censée apaiser les tensions dans les zones de minorités ethniques, n'a pas eu les succès escomptés. La politique de construction d'infrastructures, dont le chemin de fer du Tibet, achevé en 2006, est le symbole, a surtout permis l'arrivée massive de Chinois hans, touristes en mal d'exotisme ou en quête d'opportunités économiques. Les déplacements massifs de population, la sédentarisation forcée et la destruction des villes anciennes comme Kashgar au Xinjiang, au nom de la modernisation et de l'éradication de la pauvreté, sont également la cause de graves tensions.

57

La question ouïghoure au Xinjiang peut-elle être réduite au radicalisme islamique ?

Peuplé à 60 % environ de Ouïghours turcophones et musulmans sunnites et à 40 % de Hans, le Xinjiang est l'une des régions autonomes où la question des minorités est la plus complexe[1]. Depuis la fin de la décennie 2000, le Xinjiang est en proie à une recrudescence de tensions, avec des émeutes à Urumqi, capitale de la région autonome, et des attentats au cœur de Pékin et à Kunming, dans le sud du pays. Mais ces tensions ne peuvent pas être réduites aux manifestations d'un radicalisme islamique.

Dans les années 1930 et 1940, deux Républiques du Turkestan oriental, soutenues par l'URSS, ont connu une existence brève dans un territoire où l'autorité du pouvoir central chinois ne s'impose réellement qu'après 1949. Jusqu'à la fin des années 1970, la politique de répression identitaire et religieuse, menée pendant la Révolution culturelle, a poussé les Ouïghours à se réfugier dans les Républiques soviétiques d'Asie centrale. Entre 1980 et 1990, la dimension culturelle des mou-

1. En 2016, les Ouïghours étaient 6 millions.

vements d'autonomie, marqués par un pan-turkisme ancien, l'emportait sur la dimension religieuse.

La radicalisation islamique du mouvement, depuis les années 2000, est liée au développement des contacts avec l'extérieur, notamment avec le Pakistan, et à une politique de répression de plus en plus sévère. Des dizaines de milliers de forces de sécurité sont mobilisées depuis 2010 et la pratique religieuse est strictement encadrée. Depuis le 1er avril 2017, le port des signes religieux, tels la barbe ou le voile, ainsi que les prières « illégales », organisées en dehors des mosquées autorisées par le pouvoir, sont officiellement interdits. Les fonctionnaires et les étudiants n'ont pas le droit de pratiquer le ramadan. Des « forces spéciales » ont été créées et les performances des responsables locaux du Parti communiste sont jugées sur leur capacité à appliquer ces mesures. La volonté de réduction de la population ouïghoure a entraîné une politique de stérilisation imposée. La population est massivement mobilisée dans des pratiques de travail forcé.

En 2002, après les attentats du 11 septembre, Pékin – qui était pourtant l'un des rares gouvernements à entretenir des relations avec le régime taliban installé en Afghanistan – est parvenu à faire inscrire l'East Turkestan Islamic Movement (ETIM) sur la liste des organisations terroristes par les États-Unis.

Les autorités chinoises ont intensifié la répression au Xinjiang, qualifié de « ligne de front dans la lutte contre le terrorisme » par le président Xi Jinping en 2014. La lutte contre les « trois fléaux » que sont le terrorisme, le séparatisme et le fondamentalisme religieux domine le discours chinois au sein de l'Organisation de coopération de Shanghai (OCS). Dans ce contexte, l'appel à la « guerre populaire » contre les djihadistes musulmans est aussi un moyen de souder la population chinoise. Longtemps silencieuse, la communauté internationale a condamné en 2020 la politique de répression massive mise en place à Pékin.

58

Le Tibet veut-il l'indépendance ?

Le Tibet est emblématique de la stratégie de sinisation mise en place par Pékin dans les zones de minorités que l'on retrouve également au Xinjiang. Si les relations entre la théocratie tibétaine et le monde chinois ont toujours été complexes, Pékin n'impose son autorité sur l'espace tibétain qu'en 1951. Soumis à des pressions constantes, le quatorzième Dalaï-Lama s'enfuit pour l'Inde en 1959, où une administration centrale tibétaine en exil a été installée à Dharamsala.

Le Tibet, amputé en grande partie de son territoire rattaché aux provinces du Sichuan, du Gansu, du Qinghai et du Yunnan, est devenu officiellement « région autonome » en 1965. L'occupation militaire, l'accélération de la collectivisation, une répression massive, en particulier sous la Révolution culturelle, qui a causé entre autres la disparition de milliers de monastères, a été et est encore la cause d'une agitation endémique, qui se traduit régulièrement par des émeutes ou la pratique de plus en plus courante d'immolations.

Face à cette résistance, après une période de relative libéralisation dans les années 1980, alors que Deng Xiaoping déclarait que « hormis l'indépendance, tout peut être négocié », le pouvoir central a repris une stratégie de contrôle fondée sur la surveillance des pratiques culturelles et religieuses, une présence massive de l'armée et des forces de sécurité et l'encouragement à l'installation de Chinois hans devenus majoritaires dans la zone du Tibet élargie. Au nom du développement de l'Ouest, l'argument du développement économique d'une région riche en ressources hydrauliques et minières est utilisé pour accélérer le processus d'assimilation.

Le principal élément de contentieux actuel est pour Pékin le rôle joué par le Dalaï-Lama. Tandis que la légitimité du pouvoir chinois repose sur sa capacité à imposer son autorité et à garantir « l'unité nationale », Pékin l'accuse de « séparatisme ». En réalité, en adoptant à la fin des années 1980 ce qu'il appelle la « voie médiane », le Dalaï-Lama ne demande pour le Tibet qu'une « autonomie réelle » dans le cadre de la RPC. La Chine conserverait la responsabilité des Affaires étrangères et de la Défense, le Tibet étant responsable des affaires intérieures et de l'éducation, des questions religieuses et culturelles ou de l'économie. Il ne s'agit donc pas de l'indépendance du Tibet, mais d'une revendication de respect des droits démocratiques. Le Dalaï-Lama, qui a obtenu le prix Nobel de la paix en 1989 et dont l'aura internationale vient renforcer ce défi, pose un défi idéologique direct au régime chinois. Cette dimension idéologique explique l'opposition absolue de la Chine à sa personne.

59

La Mongolie-Intérieure est-elle plus chinoise que mongole ?

La Mongolie-Intérieure, autre grande zone de minorité nationale, pose un défi moins pressant que le Tibet ou le Xinjiang même si des manifestations ont eu lieu en 2020, contre la volonté des autorités centrales de limiter l'usage du mongol dans l'enseignement. Néanmoins, l'existence d'un État mongol indépendant en Mongolie-Extérieure est problématique pour Pékin. La séparation de l'espace mongol en deux entités remonte à 1911 lorsque, à la faveur de l'effondrement de la dynastie Qing, la partie nord du territoire a proclamé son indépendance, passant sous influence soviétique en 1921. Côté chinois, les communistes qui occupaient le nord du pays à la fin de la Seconde Guerre mondiale avec le soutien de l'URSS ont établi une première province autonome de Mongolie-Intérieure dès 1947.

La situation a évolué avec la fin de la guerre froide. Au Nord, la Mongolie indépendante adopte une Constitution démocratique en 1992, mais l'économie du pays souffre de la disparition de l'URSS. En Mongolie-Intérieure, le dynamisme économique de la Chine des réformes a longtemps paru suffisamment attractif pour faire taire les velléités de réunification de la nation mongole. La pression chinoise, économique, démographique et culturelle, provoque cependant des tensions sensibles des deux côtés de la frontière. L'économie de la Mongolie-Extérieure dépend de la Chine à plus de 86 %. En Mongolie-Intérieure, depuis le milieu des années 2000, des tensions sporadiques éclatent entre des éleveurs et les autorités concernant la confiscation des terres de pâturage traditionnelles. Des arrestations d'éleveurs nomades par dizaines, accusés de vouloir « dénoncer le régime socialiste », ont eu lieu en 2016.

Dotée d'un sous-sol riche en ressources vitales pour le développement chinois, la Mongolie-Intérieure attire une immigration han, qui représente plus de 80 % de la population de la région autonome. Outre, comme au Tibet et au Xinjiang, les craintes liées à cette arrivée massive des Chinois hans, à la disparition des modes de vie traditionnels et au contrôle des terres, les tensions sont aussi dues à une augmentation de la pollution liée aux mines de charbon, à l'exploitation des terres rares et à la désertification.

L'inquiétude de Pékin provient aussi du riche passé d'une nation mongole qui, menée par Gengis Khan puis par ses fils, a régné sur la Chine de 1234 à 1368 sous le nom dynastique des Yuan. La question de la localisation du tombeau de Gengis Khan, du côté chinois ou du côté mongol de la frontière, constitue toujours un sujet de rivalité entre Pékin et Oulan-Bator. Au mois d'octobre 2020, la Chine a tenté de censurer une exposition sur Gengis Khan organisée par le musée d'histoire de Nantes.

60

Est-ce la fin de Hong Kong ?

En 1997, lorsque Hong Kong est rétrocédé à la Chine, Pékin s'engage à préserver l'autonomie et la spécificité politique, sociale et économique de l'ex-colonie britannique pendant au moins cinquante ans, selon le principe énoncé par Deng Xiaoping : « Un pays, deux systèmes. » Cette règle, qui s'applique à l'autre zone administrative spéciale de Macao, devait servir de modèle au processus de réunification avec Taïwan.

Toutefois, plus de vingt ans après la rétrocession, le sentiment d'hostilité à l'égard des autorités chinoises se renforce, Hong Kong a connu plusieurs mouvements de protestation depuis 2014, et la « révolution des parapluies ». Les manifestants pour la démocratie ont occupé le cœur de la cité-État pendant des semaines, pour marquer leur opposition face à la décision de Pékin de n'autoriser que des candidats « présélectionnés » par le pouvoir central aux futures élections directes du chef de l'exécutif. Les manifestations se sont poursuivies, à chaque velléité du pouvoir central d'imposer son autorité, pour culminer en 2019-2020 avec plusieurs mois d'opposition à la nouvelle loi d'extradition, posant un défi majeur au pouvoir de Pékin.

Le taux de Hongkongais qui se déclarent « fiers d'être chinois » se réduit (29 % en 2020[1]). Traduction de cette évolution, lors des élections législatives de 2016, une force nouvelle, dite « localiste », représentée par de jeunes activistes favorables à l'autodétermination ou, pour certains, à l'indépendance de Hong Kong, a obtenu près de 20 % des suffrages exprimés.

Cette insatisfaction croissante est due à diverses causes. Contrairement aux espérances d'une partie de la population de Hong Kong, Pékin s'oppose au processus de démocratisation du système politique. Le chef de l'exécutif est élu par un collège électoral réduit de 1 200 personnes, en grande majorité favorables à Pékin. Lors des élections de mars 2017, Carrie Lam, candidate choisie par le pouvoir central, a été élue avec 777 voies sur une population de 7 millions d'habitants.

À cela s'ajoute l'ingérence croissante de Pékin dans la vie de la cité, sans respect pour le principe d'autonomie accordé en 1997. En 2016, Pékin, qui n'en n'a officiellement pas l'autorisation, a empêché nombre de candidats de se présenter aux élections au Legco (*legislative council*) en raison de leurs positions indépendantistes. En 2017, la Chine a également poussé à l'emprisonnement de trois responsables du mouvement des parapluies.

Surtout, en 2020, Pékin a fait passer en force une « loi de sécurité nationale » qui menace toute personne, chinoise ou résidente, accusée de « soutenir le séparatisme » ou de diffuser des « idées hostiles ». De

1. Selon un sondage régulièrement effectué par l'université de Hong Kong.

nombreuses arrestations ont eu lieu dans les rangs des opposants dont beaucoup choisissent l'exil. Avec cette loi, Hong Kong a perdu, avant l'échéance prévue de 2047, son statut de zone spéciale garant d'un niveau minimum de liberté d'expression. Au-delà du politique, c'est le statut économique autonome de Hong Kong qui a également été remis en cause par cette loi[1].

1. L'administration Trump a décidé de retirer à Hong Kong son statut particulier et a mis en place des sanctions contre les responsables hongkongais impliqués dans la mise en œuvre de cette loi.

ÉCONOMIE

61

Économie socialiste ou économie de marché ?

Depuis le début des réformes en 1979, la part du marché dans l'économie chinoise s'est accrue et cette évolution a été entérinée en 1993 avec l'adoption du concept « d'économie socialiste de marché aux caractéristiques chinoises ». Manifestation de l'empirisme des dirigeants chinois, celui-ci reconnaît la coexistence d'un secteur croissant de l'économie gouverné par les lois du marché, privé ou à capitaux mixtes, et une ouverture aux investissements étrangers, avec un secteur d'État dont le poids demeure extrêmement important et à tendance à se renforcer depuis l'arrivée au pouvoir de Xi Jinping en 2013. Ce système hybride a permis à la Chine d'obtenir des taux de croissance élevés sur une longue période tout en préservant la nature « socialiste » du système.

La contradiction entre liberté du marché et volonté de préserver les capacités de contrôle de l'État et du Parti communiste sur l'économie n'a jamais été résolue ; et la question de l'approfondissement des réformes et d'une plus grande libéralisation de l'économie demeure posée.

Depuis 1980, lorsque 100 % des actifs des entreprises étaient contrôlés par l'État, une sphère privée a émergé et des secteurs ont été ouverts aux investissements étrangers, mais les restrictions qui interdisent aux entreprises étrangères de détenir plus de 50 % du capital d'une entreprise n'ont pas été levées sauf exception. La stratégie du pouvoir a consisté à intégrer les entreprises privées au système, en encourageant l'adhésion de leurs dirigeants au Parti communiste, selon le principe des « trois représentations » élaboré par l'ancien président Jiang Zemin[1].

Dans le fonctionnement des entreprises d'État, ou des entreprises collectives au niveau national comme au niveau provincial ou local, des principes de gestion selon les règles du marché ont été introduits pour maximiser les profits. Une part toujours limitée du capital de ces entreprises, qui ne dépasse pas 10 à 15 %, a été introduite en bourse à Shanghai ou à Hong Kong. Pour autant, ces entreprises ne deviennent pas des entreprises privées. Le rôle du Parti dans le choix des dirigeants et les orientations stratégiques demeure essentiel. Au mois d'octobre 2020, Jack Ma, l'un des plus puissants dirigeants, à la tête de l'entreprise « privée » Alibaba et membre du Parti communiste, a disparu pendant plusieurs mois. L'introduction à la bourse de Shanghai de l'une de ses compagnies financières, ANT, a été suspendue sur décision de Xi Jinping lui-même.

1. Selon ce principe, introduit dans la constitution du Parti en 2002, les entrepreneurs privés peuvent devenir membre du Parti communiste.

L'État et le Parti ont gardé la mainmise sur la propriété et le prix du foncier, le système financier, l'attribution des ressources et le marché officiel du travail, autorisant une maximisation des avantages au profit d'entreprises nationales ou étrangères privilégiées, en fonction des intérêts chinois. Le rôle prédominant de l'État dans l'attribution du crédit permet de mobiliser des fonds au service des stratégies d'investissements dans les infrastructures, de prises d'intérêts à l'étranger ou de plans de relance sans être contraint par la question de la rentabilité. La libéralisation complète de l'économie chinoise n'est pas d'actualité malgré la volonté de Pékin de se voir reconnu comme une économie de marché.

62

Que représentent les grandes entreprises d'État ?

Paradoxalement, en dépit de discours récurrents sur la nécessité de limiter leur pouvoir, les grandes entreprises d'État se renforcent. Les 22 sur 25 entreprises chinoises identifiées parmi les 500 plus importantes dans le monde par le magazine *Fortune* en 2020 étaient des entreprises d'État ou collectives, et trois entreprises d'État figurent parmi les dix premières du classement global[1]. Selon un autre index, 60 % des entreprises peuvent être considérées comme des entreprises d'État dont 25 % dans les secteurs bancaires et financiers[2].

En 2013, à l'occasion du troisième plénum du 18e Comité central, Xi Jinping a mentionné la nécessité d'approfondir les réformes et de renforcer la part du marché dans la distribution des ressources, mais c'est le rôle dominant du secteur d'État et de la propriété publique qu'il a mis en avant. En 2015, le président rappelait que la Chine avait besoin d'entreprises d'État

1. Il s'agit de trois compagnies du secteur de l'énergie : State Grid, CNPC et SINOPEC.

2. Ian Hissey, « Investing in Chinese State-Owned Enterprises », Insight.factset.com, 17 décembre 2019.

« plus puissantes, meilleures, plus importantes ». Le renforcement du rôle du Parti communiste dans ces entreprises est défendu, l'objectif demeurant de préserver la mainmise du Parti sur l'économie et la société, et d'éviter l'émergence d'intérêts privés disposant des moyens de constituer des contre-pouvoirs.

Le contrôle de l'État et du Parti s'effectue au moyen de la SASAC (State-Owned Assetts Supervision and Administration Commission), qui nomme les dirigeants – pour les plus grandes entreprises, ils ont rang de ministre – et décide des stratégies de développement et des investissements en Chine et à l'étranger. 102 de ces entreprises les plus importantes sont directement contrôlées au niveau central, et des dizaines de milliers d'autres par les bureaux locaux de la SASAC. En dépit de tentatives de réformes, les secteurs concernés sont divers, des transports à la finance en passant par les industries de défense, l'énergie, la construction, l'immobilier, la chimie, les hautes technologies, la métallurgie ou l'agroalimentaire.

Ces entreprises sont au cœur de la stratégie de développement de la RPC définie par le Parti et les autorités centrales, mais aussi au cœur des stratégies de stabilisation sociale, notamment au niveau local. Si la rentabilité des entreprises d'État doit être relativisée, elles jouent en effet un rôle essentiel dans le marché de l'emploi. Elles bénéficient de liens organiques avec le Parti communiste, qui contrôle les décisions et l'attribution des crédits. En dépit de tentatives de réformes, les entreprises d'État reçoivent plus de 70 % de la totalité des crédits attribués aux entreprises chinoises. Ainsi, en raison du soutien de l'État central, les SOE chinoises bénéficieraient d'un transfert de 3 % du PIB de la Chine.

63

Quel avenir le secteur privé a-t-il ?

En 2017, dans son discours de clôture de la réunion annuelle de l'APN, le Premier ministre Li Keqiang, en charge de l'économie, déclarait que les entrepreneurs et l'innovation sont les moteurs de l'économie. Toutefois, le secteur privé, à l'exclusion des entreprises à capitaux mixtes sous contrôle de l'État-Parti, ne représente encore que 35 % des actifs. Selon des chiffres officiels difficiles à vérifier, le secteur privé ou semi-privé, soutenu par les investissements étrangers, et davantage tourné vers les exportations et les services que le secteur d'État, serait pourtant à la source de 60 % de la croissance chinoise et de plus de 80 % des emplois.

En dépit de ce dynamisme, le secteur privé est confronté à des difficultés d'accès au crédit et aux autorisations officielles, sous contrôle de l'appareil du Parti communiste, qui rendent son développement aléatoire et dépendant de la volonté des autorités nationales ou locales. Ce système favorise la corruption : les « enveloppes rouges » sont le premier moyen de débloquer les dossiers complexes et d'assurer les affaires. Ces pratiques intrinsèques à la constitution de réseaux efficaces fragilisent les entreprises privées. L'arrestation, au mois de décembre 2016, de Guo Guangcheng, le président de Fosun, dans le cadre des campagnes de lutte contre la corruption menées par le pouvoir, la « disparition » de Jack Ma au mois d'octobre 2020, la condamnation à mort de Lai Xiaomin, président d'une compagnie financière, au mois de janvier 2021, démontrent le caractère relatif de l'autonomie accordée aux entreprises privées[1].

La crainte du pouvoir, en dépit des déclarations de soutien aux entrepreneurs privés, est de perdre le contrôle de l'économie, principal levier dont les autorités disposent pour orienter les évolutions du système politique. Au mois d'octobre 2020, une nouvelle directive a appelé à renforcer le rôle du Parti communiste et du travail de « front uni » au sein des entreprises privées. Cette contradiction entre ouverture aux intérêts privés au nom du développement et de la modernisation et volonté de préserver le contrôle de l'État n'est pas nouvelle. À l'époque impériale, les velléités réformistes de la fin du XIXe siècle se sont heurtées aux mêmes tensions. Néanmoins, dans les arbitrages entre un secteur privé dynamique et innovant et un secteur d'État hypertrophié et endetté, les dirigeants chinois ne pourront éternellement ignorer les contraintes du marché.

1. L'arrestation du patron de Fosun, groupe connu pour sa prise de participation dans le capital du Club Méditerranée, a été brève mais avait valeur d'exemple.

64

D'où proviennent les investissements directs étrangers en Chine ?

Dès les années 1980, la mise en place des zones économiques spéciales favorise la croissance tirée par les investissements directs étrangers (IDE). Ces investissements représentaient un peu plus de 1 % du PIB en 2019[1]. La Chine a longtemps eu une politique favorable aux investissements étrangers, poumon du miracle économique chinois, mais Pékin souhaite dorénavant orienter ces investissements vers des secteurs à plus forte valeur ajoutée. Toutefois, la majorité des IDE en Chine est toujours concentrée dans la production de biens de consommation et l'immobilier, qui représentent 63 % du total.

La Chine a longtemps été le premier pays récepteur d'IDE, loin devant d'autres grands émergents tels que l'Inde. Mais ces investissements « étrangers » sont en réalité massivement « chinois », en provenance de Hong Kong, de Singapour ou de paradis fiscaux (îles Caïmans et îles Vierges) qui masquent le réin-

1. Le stock des IDE en Chine est passé de 587 milliards de dollars à 1 769 milliards en 2019.

vestissement en Chine de capitaux sortis illégalement du territoire pour bénéficier d'avantages fiscaux. La somme de ces investissements provenant du monde chinois représentait en 2018 77 % du total des IDE en Chine, dont 66 % en provenance de Hong Kong. Les investissements purement « étrangers » sont minoritaires, et d'abord asiatiques avec la Corée du Sud (3,4 %) et le Japon (2,8 %). Les États-Unis ne représentent que 2 % de ces investissements étrangers en Chine. Les investissements en provenance de l'Union européenne demeurent dominés par l'Allemagne et la Grande-Bretagne, qui représentent chacune 2 % des IDE en Chine. De son côté, Taïwan poursuit ses efforts de découplage avec la Chine. En 2019, les investissements taïwanais en Chine se sont effondrés de 51 % pour atteindre 4,17 milliards de dollars.

L'attractivité pour les investisseurs étrangers, reposant sur les perspectives d'un marché en apparence immense, le développement des infrastructures, une main-d'œuvre productive au coût modéré et d'importantes mesures incitatives, tend à se réduire. Le marché demeure peu ouvert et le rapatriement des bénéfices produits en Chine est difficile. Le climat des affaires se dégrade comme le souligne le rapport annuel de la Chambre de commerce américaine en Chine.

Les problèmes liés à la fragilité du système légal, à la corruption, au manque de transparence et au non-respect du droit de la propriété intellectuelle sont régulièrement mentionnés, de même que l'augmentation des salaires, pour expliquer la perte d'attractivité de la Chine qui a reculé en 2016 à la deuxième place, derrière les États-Unis. En 2020, en raison de la crise du Covid-19 qui a durement frappé les États-Unis, la Chine a retrouvé la première place. Inquiet de la fuite des capitaux, les autorités chinoises ont tenté de limiter les investissements chinois à l'étranger. Pékin a également adopté des mesures visant à contrôler des investissements étrangers dans des secteurs « stratégiques ».

Pourtant, alors que l'économie ralentit et que la Chine a encore besoin de s'appuyer sur les transferts de technologie pour accroître son économie, les investissements étrangers restent nécessaires à sa croissance. Ils contribuent aussi à la sauvegarde de l'image de compétitivité que la Chine a pu imposer depuis plus de trente ans, et qui est inhérente à son discours de puissance.

65

Que signifie le rééquilibrage de l'économie ?

Le rééquilibrage de la croissance de la Chine était un objectif majeur du douzième plan quinquennal 2011-2015, poursuivi dans le treizième plan 2016-2020, avec des résultats mitigés. En 2020, annonçant le 14e plan quinquennal, Xi Jinping a mis en avant une stratégie de « double circulation » qui recouvre les mêmes ambitions et la volonté d'affranchissement d'une très grande dépendance aux exportations et d'une montée en gamme. Il s'agit aussi pour Pékin de tenter de répondre aux sanctions américaines et à la volonté de découplage exprimée en Europe et aux États-Unis face au virus du Covid-19. Longtemps stimulée par les exportations, la croissance chinoise a vu, depuis la crise financière de 2008, ses grands marchés traditionnels en Europe et aux États-Unis se rétracter d'une manière préoccupante. Ce d'autant plus que la montée du protectionnisme, contre lequel le président chinois s'est élevé au Forum de Davos au mois de janvier 2017, est devenue un fait majeur aux États-Unis, sous Donald Trump, et dans de nombreux pays européens. Alors que les exportations représentaient 32 % du PIB chinois en 2008, ce chiffre n'était plus que de 17,4 % en 2019. Toutefois, en 2020, ce sont à nouveau les exportations de matériel médical (+ 45 % en 2020) et de produits électroniques (+ 25 %) qui ont tiré la reprise de la croissance chinoise[1].

La part de la consommation des ménages chinois, soit 37 % du PIB, chiffre bas pour une économie émergente[2] s'est modestement développée pour se rétracter à nouveau en 2020 en raison de l'épidémie de Covid-19. Une modification de cette tendance impliquerait des mesures radicales en matière de redistribution des revenus, qui favorise aujourd'hui les grandes entreprises d'État et les élites liées au Parti communiste, une modification du droit de propriété de la terre et la fin du système de passeport intérieur qui limite les droits sociaux – et les revenus – des migrants de l'intérieur[3].

Pour préserver un taux de croissance suffisant, les autorités chinoises, en dépit de multiples déclarations allant à l'opposé, continuent d'avoir massivement recours au crédit et aux investissements, qui représentent aujourd'hui 43 % du PIB. Le treizième plan quinquennal a poursuivi cette tendance et des investissements massifs ont soutenu la relance à la fin de l'année 2020. Le plan *China Standards 2035* prévoit

1. En 2020, les exportations ont augmenté de 3,5 % et les importations ont diminué de 1,1 %.

2. En Inde, la part de la consommation des ménages représente 60 % du PIB.

3. Voir les questions 25, « La fin du passeport intérieur (*hukou*) est-elle possible ? », p. 82 ; et 34, « Le marché du luxe en Chine est-il solide ? », p. 106.

de son côté de doubler les lignes de TGV de 35 000 à 70 000 km en 2035.

Si cette stratégie a permis à la Chine de développer un réseau important d'infrastructures, notamment dans les transports, elle entraîne des effets pervers qui se font sentir en termes d'endettement.

Pour les réduire, le gouvernement a annoncé en 2016 la restructuration des secteurs les plus touchés liés à la construction comme la métallurgie, l'industrie du verre et le ciment, mais aussi l'aluminium, les raffineries et la construction navale. Les risques sociaux sont toutefois considérables, alors que l'ensemble de ces secteurs représentait près de 6 % de la totalité des emplois en Chine et les résultats ont été limités. En 2020, les investissements de l'État ont augmenté de 3,2 % alors que ceux des entreprises privées diminuaient de 3,8 %.

Le rééquilibrage de la croissance concerne aussi la recherche d'une économie plus propre et moins consommatrice de ressources naturelles.

66

Pourquoi les Chinois consomment-ils si peu ?

La Chine est en passe d'atteindre un niveau de vie moyen de pays « modérément riche », objectif des autorités chinoises pour 2021, 100e anniversaire du Parti communiste chinois. Le revenu moyen annuel est passé de 400 dollars en 1990 à 1 000 dollars en 2020. Et si 600 millions de Chinois vivent encore avec moins de 150 dollars par mois, la pauvreté extrême, fixée à 4 000 yuans (500 dollars par an), aurait été éradiquée dans l'ensemble du pays. Dans les provinces les plus développées et dans les grandes villes, le salaire minimum a significativement augmenté depuis 2014, il atteint 320 dollars par mois à Shenzhen ou à Shanghai. L'image de la richesse chinoise s'impose aussi sur la scène internationale avec l'afflux de touristes qui dépensaient annuellement plus de 200 milliards de dollars à l'étranger avant la rupture due à la pandémie de Covid-19 en 2020.

Pourtant, ce progrès général, qui suscite l'admiration, masque des inégalités de revenus importantes qui expliquent la faiblesse persistante de la consommation des ménages en Chine. Si le revenu annuel moyen est supérieur à 11 000 dollars par an, en 2019 il n'est que de 2 200 dollars par an pour la population rurale, soit plus de la moitié des travailleurs. Le revenu annuel moyen (plus proche de 7 000 dollars) des travailleurs migrants, qui représentent 36 % des travailleurs, est également en dessous de la moyenne nationale.

Le revenu des consommateurs chinois, y compris celui des classes moyennes, est en effet grevé par un taux d'épargne élevé représentant plus de 35 % du PIB. Il s'agit d'une épargne de précaution. Les dépenses sociales du gouvernement central sont inférieures à ce qu'elles étaient en 2015. En l'absence de système social universel performant, le coût des accidents de la vie, santé ou chômage et la nécessité d'assumer sa retraite, la politique de l'enfant unique ayant réduit les capacités d'entraide familiale, doit être prévu, de même que celui de l'éducation des enfants, de l'achat d'un appartement et de la constitution d'un pécule suffisant pour se marier. La volonté de rééquilibrage de l'économie a été à nouveau affirmée comme une priorité en 2020, mais l'étendue des réformes nécessaires limite les perspectives d'évolution de la répartition des richesses des grandes sociétés liées au Parti communiste vers les consommateurs.

67

Les statistiques chinoises sont-elles fiables ?

Des progrès considérables ont été accomplis depuis l'époque maoïste, pourtant, la fiabilité des statistiques chinoises n'est toujours pas garantie[1]. Les analystes chinois le déplorent et préfèrent appliquer la méthode prônée par le Premier ministre Li Keqiang, qui aurait déclaré en 2007 à des interlocuteurs américains que, pour atteindre des chiffres réalistes, il ne tenait compte que des tonnages transportés et de la consommation d'énergie[2].

En dépit des réformes économiques et des évolutions de la Commission du plan, dont le dernier avatar est la Commission nationale de développement et de réforme, la Chine continue de définir sur le modèle soviétique les objectifs des grands plans quinquennaux et d'annoncer chaque année le taux – toujours atteint – de croissance de l'année suivante. En 2019, poursuivant une tendance baissière, le taux de croissance a été de

1. http://www.stats.gov.cn/english/.

2. Docteur en économie de l'université de Pékin, Li Keqiang était alors chef du Parti communiste de la province industrielle du Liaoning, http://www.reuters.com/article/us-china-economy-wikileaks-idUSTRE6B527D20101206.

6,2 %. Les chiffres, pour le régime chinois, sont une arme de propagande. En 2020, en raison de la pandémie de Covid-19, aucun chiffre de croissance n'avait été annoncé à l'avance, en revanche, une croissance annuelle positive (+2 %) a été claironnée au mois de décembre, pour souligner la supériorité du système politique chinois.

Les défaillances des statistiques concernent tous les secteurs : la production économique, le taux de chômage, le calcul des inégalités réelles ou le recensement de la population, les commissions de planification familiale au niveau local devant respecter des quotas de naissances autorisées[1].

Les raisons sont multiples. Techniquement, les outils utilisés ont certes progressé, mais ils sont plutôt adaptés au calcul de la production des entreprises d'État dans l'industrie ou l'agriculture. Ils prennent beaucoup moins en compte le foisonnement de l'économie chinoise contemporaine, le développement du secteur privé et de celui des services. Au-delà, alors que l'image et l'attractivité de la Chine sur la scène internationale dépendent de son statut de superpuissance économique, la maîtrise des statistiques préserve cette image en lissant les à-coups de croissance que le pays peut connaître.

Les statistiques restent en effet au service du pouvoir politique, le Bureau national des statistiques est sous l'autorité du Parti communiste. Localement, les carrières dépendent de la capacité des dirigeants, à tous

1. En matière de planification des naissances, le contrôle a été assoupli en 2016.

les niveaux, à remplir les objectifs définis par le plan, ce qui encourage à manipuler les chiffres. Enfin, la corruption, comme le montre l'arrestation en 2016 de Wang Baoan, chef du Bureau national des statistiques, influe aussi sur un secteur pourtant vital pour piloter au mieux l'économie de la deuxième puissance mondiale.

68

Que pèse la dette chinoise ?

Officiellement, le taux d'endettement de l'État central en Chine, est faible et ne représente que 3,3 % du PIB en 2020. Mais si l'on prend en compte l'ensemble de la dette, les chiffres sont plus préoccupants, le taux d'endettement continue d'augmenter pour compenser le ralentissement de l'économie. Elle a atteint toutes catégories cumulées, 275 % du PIB en 2020, en augmentation de 45 % depuis 2012. En effet, et contrairement aux déclarations officielles, pour des raisons de légitimité et de stabilité sociale, et afin de sauvegarder l'image de puissance de la Chine sur la scène internationale, les autorités ne peuvent se passer des politiques de *stimuli* qui se succèdent depuis la fin des années 2000.

Pourtant, en dépit de la rapidité de son accroissement, la dette chinoise apparaît comme moins problématique en raison du rôle de l'État, qui contrôle à la fois les banques et les entreprises endettées dans une économie dirigée. L'opinion communément partagée veut qu'en cas de risque majeur Pékin puisse intervenir pour éviter un krach financier, et dispose des ressources pour le faire.

Mais en 2020, les autorités ne sont pas intervenues pour sauver l'entreprise d'État Yongcheng qui a fait défaut. Surtout, la dette liée aux autorités locales pourrait déboucher sur des défauts en série. Elle reflète des choix d'investissements dans des secteurs comme la construction d'infrastructure et l'immobilier, qui gonflent les chiffres de la croissance mais dont la rentabilité réelle est contestée. Le taux de créances douteuses des entreprises se situerait, selon les analystes financiers, autour de 15 à 20 % et les défaillances d'entreprises ont nettement augmenté.

Pour compenser les difficultés d'accès au crédit, un secteur financier parallèle de gestionnaires d'actifs et de compagnies d'investissement s'est développé, soutenu par de grandes plateformes qui concurrencent les banques d'État. Ce secteur est néanmoins fragile. Ainsi, en 2016, la faillite du fonds d'investissement Wuhan Wealth Cornerstone, le plus important en Chine centrale, a provoqué des manifestations massives d'investisseurs, souvent des retraités modestes, spoliés de leurs économies. Et au mois d'octobre 2020, le pouvoir central a signalé sa volonté de reprise en main en bloquant la mise sur le marché d'une compagnie de crédit en ligne, filiale de Alibaba.

69

La Chine est-elle devenue une puissance financière internationale ?

Avec 3 000 milliards de dollars de réserves de change en 2019, la Chine, qui en 2020 représente 17 % de l'économie mondiale, apparaît comme une superpuissance financière. Ses capacités d'investissements à l'étranger semblent illimitées et constituent un élément majeur de la stratégie d'affirmation de puissance de Pékin sur la scène internationale au travers notamment des « routes de la soie ».

Symbole de cette reconnaissance de la puissance chinoise, en 2016, le yuan, la « monnaie du peuple[1] » selon son nom officiel, a été intégré au panier de monnaies de réserves du Fonds monétaire international (FMI). D'après le directeur de la Banque de Chine, cette décision « confirme le succès de la stratégie de développement de la Chine » et s'inscrit dans le processus de « démocratisation du système international », dont la République populaire de Chine se veut la championne.

Grâce à ses réserves considérables, Pékin a mis en place des instruments d'investissements qui renforcent

1. *Renminbi* (人民币).

son attractivité et sa capacité d'influence sur la scène internationale. C'est le cas des grands fonds d'investissement chinois comme la China Investment Corporation (CIC) créée en 2007 avec un capital de 200 milliards de dollars ou de l'AIIB (Asia Infrastructure Investment Bank) et des nombreux fonds créés en bilatéral avec les partenaires de Pékin tels la Russie ou les pays de l'ASEAN. Ces instruments permettent en outre à la Chine d'imposer ses normes en matière de crédit ; lesquelles sont moins contraignantes que celles des banques africaines ou asiatiques de développement ou de la Banque mondiale. Ce faisant, la Chine plonge les pays « aidés » dans le piège de la dette et voit ses capacités de recouvrement réduites.

Mais le poids réel de la Chine en tant que puissance financière internationale est restreint. L'internationalisation du yuan se réduit plutôt. Après un pic modeste en 2015, quand la monnaie chinoise représentait 2,8 % du total des paiements, sa part est retombée à 1,8 % en 2020 et pour le moment elle demeure concentrée sur les transactions avec Hong Kong. De plus, le pouvoir chinois ne semble pas près d'abandonner le contrôle des changes, outil essentiel à ses yeux du maintien de la stabilité. Des accords de change (*swap*) ont été conclus avec une vingtaine de pays, dont la Turquie, des pays africains, et la Grande-Bretagne en Europe qui – avant le Brexit – ambitionnait de jouer un rôle dans l'internationalisation du yuan. Mais le cours du yuan fixé par la Banque de Chine ne peut fluctuer que dans une échelle de change limitée.

Par ailleurs, la circulation des capitaux est encadrée et a été encore renforcée depuis 2015 entraînant une baisse des investissements chinois à l'étranger après 2017. Tous ces éléments interdisent au yuan de devenir une véritable monnaie de réserve internationale, en dépit d'annonces régulières dont l'objectif répond à une volonté de positionnement stratégique plus qu'à des facteurs économiques. En obtenant la reconnaissance officielle du FMI, la Chine cherchait avant tout à confirmer son statut de grande puissance incontournable.

70

La Chine doit-elle craindre la fuite des capitaux ?

Soutenus par les projets de routes de la soie, les investissements à l'étranger ont augmenté de 130 % en 2016. Cet engagement est considéré comme le signe le plus tangible de l'intégration croissante de la puissance chinoise au système international, et des opportunités qu'elle offre à des économies moins dynamiques. Les pays en développement ou semi-développés ont reçu 83 % des investissements chinois dans des projets de construction pour la période 2005-2019. Les pays développés ont reçu 62 % des investissements chinois dans d'autres secteurs[1], souvent sous la forme de fusions et d'acquisitions.

Pékin s'est alarmé toutefois de ce qui s'apparente de plus en plus à une fuite des capitaux, qui aurait atteint 119 milliards de dollars en 2017[2] pour les investissements à destination de l'Europe et des États-Unis. Les autorités financières chinoises s'inquiètent des investissements massifs dans le secteur de l'immobilier,

1. « Does China Dominate Foreign Investment », Chinapower.csis.org.

2. En 2017, la période couverte est celle du premier trimestre.

dans celui du tourisme, ou dans des achats de prestige comme les vignobles français. Ce mouvement traduit en effet une perte de confiance dans l'économie et la monnaie chinoise, ainsi qu'une volonté des investisseurs chinois de mettre leurs capitaux en sécurité à l'étranger.

Autre sujet d'inquiétude, les réserves de change, qui culminaient à 4 000 milliards de dollars en 2014, ont fortement diminué, pour passer sous la barre des 3 000 milliards de dollars en 2016, leur plus bas niveau depuis 2010 qui n'a pas remonté depuis.

La Chine a donc pris des mesures visant à reprendre le contrôle des investissements à l'étranger, au risque de se priver de l'un des principaux facteurs d'attractivité de la puissance chinoise. En 2017, le montant des investissements prévus a chuté de 74 %. L'effondrement (– 94 %) a été spectaculaire aux États-Unis sous Donald Trump en 2019. L'Union européenne a pris le relais, mais de nouvelles mesures visant à mieux contrôler les investissements étrangers dans des secteurs sensibles comme la haute technologie duale ont été mises en place, freinant l'intérêt de la Chine. Des mesures plus strictes visant à freiner les sorties de capitaux ont été adoptées par Pékin. Une nouvelle mesure concerne l'interdiction de toute acquisition supérieure à un milliard de dollars à l'étranger par une entreprise chinoise, dans un secteur d'activité différent de son secteur d'origine ou dans l'immobilier. Au niveau individuel, les autorisations de transferts de capitaux à l'étranger ne peuvent dépasser 50 000 dollars par an. De multiples mesures de contournement de cette règle ont toutefois été mises en place, de l'utilisation de « passeurs » entre Shenzhen et Hong Kong à celle d'hommes de paille, de montages financiers clandestins ou de la corruption.

71

Quelle est la réalité de l'interdépendance économique entre la Chine et les États-Unis ?

La Chine et les États-Unis représentent plus de 30 % de l'économie mondiale et, de 2013 à 2016, la Chine a occupé la première place – devant le Japon – des pays détenteurs de bons du trésor américain. Elle occupe aujourd'hui la seconde place avec un montant de 1 061 millions de dollars. Cette position contribue à son image de puissance sur la scène internationale. Cette asymétrie apparente en faveur de Pékin alimente les discours sur l'amoindrissement inévitable de la puissance américaine, et renforce les ambitions chinoises sur la scène internationale.

Sur le plan commercial, en dépit du déficit considérable de la balance des échanges entre la Chine et les États-Unis, qui a atteint 307 milliards de dollars en 2019, en dépit des efforts de rééquilibrage de l'administration Trump, Pékin a longtemps pu compter sur le soutien des grands groupes américains. Ces derniers, dans les secteurs de la grande distribution, de la production de biens de consommation électroniques, de l'aérospatiale, de certaines matières premières ou de l'agriculture, ont bénéficié du marché et des avantages offerts par le système économique chinois en matière de coût du travail et de quasi-absence de normes environnementales et sociales contraignantes.

Mais l'économie chinoise est aussi tributaire de l'économie américaine. Parfois agitée comme une menace par ceux qui, en Chine, veulent exercer des pressions sur Washington, la vente massive de bons du trésor américain aurait pour conséquence un effondrement des actifs chinois. Les États-Unis, eux, appuyés sur la puissance du dollar, conservent leur attractivité pour les investisseurs, américains comme étrangers. La guerre commerciale lancée par Donald Trump en 2018 et l'embargo sur les technologies stratégiques, comme les microprocesseurs en direction de la Chine, ont mis en évidence cette très grande dépendance de l'économie chinoise.

Les investissements chinois aux États-Unis, après une accélération remarquable, se sont effondrés de 94 % en 2019, reflet des tensions sino-américaines.

Enfin, en raison des importants surplus commerciaux dont elle bénéficie, la Chine demeure très dépendante du marché des grands pays développés, au premier rang desquels celui des États-Unis, et les menaces de « découplage », augmentées depuis la crise du Covid-19 en 2020, sont régulièrement dénoncées par Pékin. La défaite de Donald Trump à l'élection présidentielle de 2020 n'a pas fait disparaître la menace, qui s'étend à l'Europe et correspond aussi à une volonté globale de désengagement d'une trop grande dépendance à l'égard de la Chine.

72

La puissance chinoise est-elle devenue la championne de l'innovation ?

Pour la Chine, la clef du rééquilibrage et de la poursuite de la croissance passe par la montée en gamme technologique et l'innovation. Le treizième plan quinquennal 2016-2020 mettait l'accent sur l'innovation technologique dans des secteurs clefs comme les énergies nouvelles, les nouveaux matériaux, l'ingénierie navale et ferroviaire, l'aérospatial, les biotechnologies, l'environnement, les technologies de l'information et de la communication, mais aussi la robotique et l'intelligence artificielle. Ces ambitions, inscrites dans le cadre du projet *Made in China 2025* inauguré en 2015 pour doter le pays d'une plus grande autonomie industrielle dans les secteurs civils et militaires, sont renouvelées dans le même terme en 2020 et dans le cadre des *China Standards 2035*. Il s'agit toujours, pour Pékin, de mieux contrôler les chaînes d'approvisionnement et de s'affranchir des fournisseurs extérieurs aux premiers rangs desquels les États-Unis dans les secteurs stratégiques. Pour obtenir des résultats, les autorités chinoises sont prêtes à renforcer les moyens, avec un budget recherche et développement en augmentation, de 12 % en 2019 pour atteindre 2,23 % du PIB. Dans certains secteurs, le leadership chinois semble incontestable. Les technologies de l'intelligence artificielle, appliquées massivement au contrôle de la population, « bénéficient » de l'absence de règles éthiques. La Chine mise également sur la conquête spatiale et ambitionne d'être la première puissance asiatique à envoyer un homme sur la lune. La Chine dispose par ailleurs de moyens humains considérables : 1 300 chercheurs ont par exemple été mobilisés pour développer le supercalculateur *Tianhe 2*, le plus rapide du monde devant *Titan* qui, lui, est américain[1].

D'ores et déjà, le nombre de brevets internationaux déposés par la Chine est le plus important dans le monde. 58 900 demandes ont été enregistrées en 2019[2]. La majorité de ces demandes concernait l'intelligence artificielle et les technologies de la *blockchain*. Toutefois, la quantité ne correspond pas à une qualité en matière d'innovation.

Malgré les efforts accomplis et le soutien fort de l'État, les capacités d'innovation de la puissance chinoise se heurtent en effet à des contraintes structurelles liées à la nature du système politique. L'accès libre à l'information est une première barrière qui freine les échanges, la fragilité du système légal, l'absence de protection de la propriété intellectuelle et

1. Selon les spécialistes, la course à la rapidité des supercalculateurs, si elle est spectaculaire, n'est pas essentielle pour la recherche.

2. « Chiffres-clés de l'OMPI : la Chine, premier déposant de demandes internationales de brevets », Inpi.fr, 24 avril 2020. Les États-Unis ont déposé 57 840 demandes et le Japon 52 660.

les difficultés d'accès au crédit pénalisent les *start-up* chinoises les plus innovantes. Enfin, le rôle du Parti communiste dans la définition des priorités, s'il peut jouer un rôle d'accélérateur, pèse aussi sur la liberté d'innover.

Les autorités chinoises exercent des pressions sur leurs partenaires étrangers pour obtenir des transferts de technologie afin d'accomplir les « bonds en avant » nécessaires à une croissance plus rapide de l'économie chinoise. Avec l'administration Trump et une prise de conscience en Europe, l'accès imposé à ces technologies est devenu moins facile. Les coopérations scientifiques et technologiques font également l'objet de plus de vigilance. En 2020, la faible qualité du vaccin chinois contre la Covid-19, développé hors des normes de contrôle internationales, a remis en cause l'ambition de Pékin d'apparaître avec éclat comme la première puissance d'innovation dans le monde.

73

Que représentent les énergies renouvelables en Chine ?

En 2020, le président Xi Jinping a annoncé que la Chine atteindrait la neutralité carbone en 2060 et se présente en champion de la lutte contre le réchauffement climatique. Dans ce cadre, les efforts accomplis par la Chine en matière d'énergie renouvelable sont considérables depuis qu'en 2014 le Premier ministre Li Keqiang a annoncé un programme de « guerre contre la pollution ». Depuis cette date, les émissions de particules fines auraient été réduites de 40 %. La Chine se place dans la ligne de l'accord COP 21 sur le climat signé à Paris en 2015 et confirme sa volonté de réduire le niveau dramatique de pollution atmosphérique qui frappe le pays. Alors que le nouveau président américain Donald Trump décidait au printemps 2017 de quitter l'accord de Paris, le président chinois se présentait au contraire comme le garant de cet accord, cherchant ainsi à consolider la stature internationale de la Chine. Dès l'élection de Joe Biden en 2020, Xi Jinping insistait sur l'importance des enjeux climatiques, dont l'un des mérites est aussi de détourner l'attention des questions stratégiques « dures ».

En 2019, les énergies renouvelables représentaient 15 % de la totalité de la consommation d'énergie et 26 % de la production d'électricité en Chine. Toutefois, dans ce mix électrique, et en dépit des progrès accomplis, la part de l'éolien (8 %) et du solaire (3 %) reste encore très minoritaire par rapport à l'hydroélectricité (18 %).

En 2019, les capacités installées ont atteint 193 GW pour l'éolien, 186 GW pour le solaire, et 354 GW pour l'hydroélectrique.

L'investissement dans les énergies renouvelables répond aussi à une ambition économique. Le treizième plan quinquennal prévoyait de mettre l'accent sur la recherche et développement dans ce secteur, car si la Chine est depuis 2016 le premier producteur mondial de panneaux solaires, dont plus de 90 % sont destinés à l'exportation, elle est toujours dépendante dans ce domaine des brevets achetés à l'étranger. L'accent est également mis sur les véhicules électriques. La Chine est devenue le premier producteur et le premier consommateur de véhicules électriques au monde. Les ventes ont atteint 1,3 million d'unités en 2020.

Par ailleurs, la question des pertes d'exploitation, dans l'éolien et le solaire, demeure préoccupante et ne pourra être résolue que par la rationalisation du réseau électrique. Le pourcentage de pertes d'exploitation a toutefois beaucoup diminué, pour se situer en dessous de 5 % dans l'éolien et le solaire en 2019.

Quant à l'énergie hydraulique, que le gigantesque barrage des Trois-Gorges dans la province du Sichuan symbolise, elle présente de graves problèmes environnementaux et sociaux liés à la modification des cours d'eau et aux déplacements de population.

74

Où en est la dépendance de la Chine aux énergies fossiles ?

Bien que des efforts aient été accomplis dans le secteur des énergies renouvelables, la dépendance aux énergies fossiles est difficile à réduire. En 2019, Le charbon, énergie bon marché et abondante sur le territoire chinois, mais principal responsable de la pollution, occupe toujours la première place dans ce mix énergétique. La part du charbon était encore de 58 % en 2019, le pétrole de 20 % et le gaz naturel de 8 %. La Chine a pour objectif de réduire sa dépendance au charbon mais la mise en œuvre est difficile, même si le ralentissement de l'économie joue un rôle positif. La consommation d'énergie a diminué de 1,2 % dans le secteur industriel en 2019. Pourtant, la construction de nouvelles centrales à charbon, en Chine même et à l'étranger, se poursuit. Les enjeux économiques, particulièrement après la crise du Covid-19 en 2020, l'emportent sur les questions environnementales.

La Chine s'intéresse aux technologies du charbon propre, mais là aussi la mise en œuvre est difficile. Dans les centrales équipées de cette technologie, les résultats ne sont pas à la hauteur des attentes. En raison des coûts, les systèmes installés ne sont pas systématiquement utilisés. Par ailleurs, dans des provinces comme le Hebei, où le taux de pollution est très élevé, la consommation de charbon de mauvaise qualité pour le chauffage n'a pas été abandonnée, là encore à cause du prix. La volonté de réduire la consommation de charbon, notamment après l'embargo imposé à l'Australie en 2020, entraîne régulièrement des pénuries de chauffage insupportables[1].

En deuxième position, le pétrole, dont la Chine est désormais le premier consommateur et le premier importateur mondial, représente 20 % du mix énergétique. Le gaz naturel, moins polluant, ne représente lui que 8 % en 2019.

Pour réduire la dépendance de la Chine aux énergies fossiles, l'industrie nucléaire occupe une place croissante. Pékin développe de nombreux partenariats avec des acteurs étrangers pour se doter d'une technologie de plus en plus autonome. La part du nucléaire représentait 2 % de la consommation d'énergie en 2016 et n'avait pas augmenté en 2019. Avec 11 réacteurs en construction en 2020, la Chine demeure le premier pays dans le monde en la matière.

1. En 2020, en riposte aux demandes de transparence de l'Australie sur l'origine de la Covid-19, la Chine a mis en place un embargo « officieux » visant, entre autres, le charbon australien.

75

Quel rôle jouera la Chine dans la croissance mondiale ?

Alors que la crise du Covid-19 a plongé l'économie mondiale dans la récession, la Chine a pu se présenter comme la seule économie majeure avec un taux de croissance positif de + 2,2 % en 2020.

Depuis plusieurs décennies, la croissance chinoise tire pour une large part la croissance mondiale, et le taux de 7,9 % annoncé par le FMI pour 2021 est particulièrement impressionnant. Mais avant ce rebond, contrecoup de la pandémie, la croissance chinoise était sur une tendance de ralentissement, avec un taux de 6,2 % en 2019, le plus bas depuis 25 ans. Ce ralentissement de la croissance chinoise se faisait sentir dans différents secteurs de l'économie mondiale. Les pays exportateurs de matières premières et d'énergie, qui ont continué d'anticiper une croissance rapide du marché chinois, ont été les plus touchés. La chute des cours du pétrole depuis 2014, qui pénalise la Russie, les pays exportateurs en Amérique latine et sur le continent africain, était essentiellement liée au ralentissement de la croissance chinoise. La reprise des investissements pour compenser les effets de la Covid-19 a contribué au renchérissement des matières premières. La crise du Covid-19 a également provoqué des effets rebonds dans le secteur automobile ou dans celui des produits de luxe. Toutefois, à plus long terme, c'est bien l'émergence d'une classe moyenne disposant d'un pouvoir d'achat, libéré des trop fortes contraintes de l'épargne sociale, qui pourra assurer la poursuite d'une croissance fondée sur le marché intérieur. En 2020, les importations ont diminué de 1,1 % alors que les exportations augmentaient de 3,6 %.

76

La Chine est-elle toujours au cœur du processus de régionalisation économique en Asie ?

Depuis les années 1990, la Chine est devenue la plaque tournante de la croissance économique en Asie et d'un processus de régionalisation fondé sur le développement des échanges commerciaux. Dès son ouverture, la Chine a bénéficié à plein de la délocalisation des entreprises traditionnellement productrices de biens de consommation en Asie, essentiellement à Taïwan et à Hong Kong, et des investissements étrangers eux aussi très majoritairement asiatiques en provenance de Taïwan, de Hong Kong, du Japon et de Corée du Sud.

Atelier du monde, la Chine est surtout celui de l'Asie, alors que la fabrication des produits de consommation est éclatée, selon les opportunités et le niveau de développement, entre plusieurs pays fournisseurs d'éléments ou assembleurs. En raison de cette évolution, elle est devenue le premier partenaire commercial de la quasi-totalité de ses partenaires asiatiques. Reflet de cette interdépendance, en 2019, le commerce intrarégional représentait 60 % des échanges de la zone Asie[1].

Depuis 2015, ce modèle de régionalisation autour de la puissance chinoise a connu des évolutions. L'augmentation des salaires entraîne une amorce de délocalisation de la production vers d'autres pays de la région, Particulièrement en Asie du Sud-Est, où les salaires sont plus compétitifs, même si la Chine conserve un avantage en matière d'infrastructures. Ces délocalisations sont aussi le fait d'entreprises chinoises qui se tournent vers le Vietnam, la Malaisie, l'Indonésie, le Cambodge ou la Thaïlande, en s'appuyant sur les importantes communautés de Chinois d'outre-mer qui dominent traditionnellement l'économie de la région.

Pékin joue de cette interdépendance économique pour amorcer un processus de régionalisation plus large dont la Chine serait le centre. En 2020, la signature du RCEP (Regional Comprehensive Economic Partnership) incluant la Chine, le Japon, la Corée du Sud, l'Australie, la Nouvelle-Zélande et les dix pays de l'ASEAN, a permis à la Chine de mettre en avant sa centralité.

Mais si l'ensemble de l'Asie a profité de cette division régionale du travail organisée autour de la puissance chinoise, la stratégie plus agressive de la RPC dans son environnement proche a eu un impact négatif sur ce processus de régionalisation et renforcé la volonté d'équilibrage des voisins de Pékin.

1. Stats-unctag.org, « UNCTAD Handbook of Statistics ».

77

Le projet des routes de la soie est-il un instrument de la puissance chinoise dans le monde ?

En 2013, le président Xi Jinping a lancé son projet-phare de double route de la soie (One Belt One Road, OBOR), présenté comme « le plus important plan de développement de l'histoire moderne[1] ». Son nom fait référence aux réseaux de communication vers l'ouest qui avaient été développés sous la dynastie des Han et baptisés « routes de la soie » par le géographe allemand Ferdinand von Richthofen en 1877.

L'objectif de l'OBOR était de renforcer les liens économiques et stratégiques entre la Chine et ses voisins en s'appuyant sur la puissance financière de Pékin. La dimension géopolitique est au centre du projet qui doit permettre à la Chine de s'imposer comme le leader incontesté en Asie et au-delà. Le projet, appliqué à l'Afrique, à l'Amérique latine, au Pacifique, à l'Europe centrale et méridionale et jusqu'à l'Arctique, a en effet pris une dimension quasi universelle. En termes

1. Peter Cai, « Understanding China Belt and Road Initiative », *Analysis*, mars 2017, Lowy Institute. OBOR est aussi connu sous le nom de BRI (Belt and Road Initiative).

de contenus les « routes de la soie » sont déclinées en fonction des priorités comme la « route de la soie de la santé » développée en 2020 pour soutenir les stratégies des masques et des vaccins mises en place par Pékin.

La Chine a mis en place plusieurs véhicules financiers destinés aux projets de l'OBOR avec le Silk Road fund et l'Asian Infrastructure Investment Bank (AIIB), qui regroupe 85 pays en 2020. Les banques chinoises se trouvent en première ligne. Initialement, la somme de « 1 000 milliards de dollars » consacrée aux projets de développement a été mise en avant. Pourtant, derrière ces chiffres impressionnants, les réalisations concrètes directement liées à l'OBOR sont limitées. En 2019, le total ne dépassait pas 10 milliards de dollars répartis dans 56 projets. Le corridor Chine-Pakistan, soutenu par les autorités pakistanaises, qui doit relier la ville de Kashgar au Xinjiang au port de Gwadar, construit par les Chinois sur l'océan Indien, est le projet le plus avancé. Mais il suscite aussi des réticences de la part d'Islamabad. Le piège de la dette pèse sur de nombreux partenariats mis en place par Pékin et, avec la crise du Covid-19, les demandes de renégociations se sont multipliées.

Au-delà, le manque de confiance entre la Chine et nombre de ses voisins, ainsi que des attentes contradictoires, freinent la réalisation des objectifs. Alors que la Chine – confrontée à un taux endettement préoccupant – veut préserver la rentabilité de ses investissements, les pays de la région attendent des prêts à des taux d'intérêt préférentiels. De plus, nombre de pays impliqués sont politiquement fragiles et peu solvables.

Aussi, les institutions financières chinoises sont-elles moins enthousiastes.

Le concept des « routes de la soie » demeure flou et l'engagement des États qui signent un Memorandum of Understanding (MoU), comme l'Italie en 2019, peu précis. Les « routes de la soie » sont donc moins omniprésentes dans le discours chinois, remplacées par la nouvelle thématique du « futur partagé pour l'humanité » mise en avant par Xi Jinping.

78

À quoi sert le G20 et le multilatéralisme pour la Chine ?

Dans un discours prononcé au mois de janvier 2021 au World Economic Forum virtuel de Davos, le président Xi Jinping réclamait un « renforcement » de la gouvernance du G20 fondé sur « les règles et le consensus ». Le G20 demeure pour Pékin une caisse de résonance à son discours officiel, opposé à celui des États-Unis. Créé en 1999 au lendemain de la crise financière asiatique de 1998 pour réunir les ministres des Finances de dix-neuf pays plus l'Union européenne, le G20 a pris de l'importance après la crise financière de 2008. Les sommets annuels ont désormais lieu au niveau des chefs d'État et la Chine y joue un rôle central. Pour Pékin, sa position au sein du G20 constitue un adoubement, tout comme la reconnaissance du yuan comme monnaie de réserve au FMI ou son entrée à l'OMC en 2001. Le G20 lui permet de mettre en avant les succès de son modèle de développement et d'affirmer son statut de puissance majeure, jouant un rôle de pivot entre les pays du Sud et les économies développées du Nord. Pour Pékin, la participation au G20 s'inscrit aussi dans une rivalité de puissance avec le Japon, qui, lui, occupe une place plus importante au sein du G7[1].

La crise du Covid-19 est apparue à la Chine comme une opportunité avec, selon le discours officiel, « des changements jamais vus en un siècle », pour réaffirmer sa place centrale au sein de l'institution.

Le G20 est également le moyen pour la Chine d'affirmer sa vision du « multilatéralisme » fondée sur la non-ingérence et la défense de ses seuls intérêts face au « camp démocratique » et aux États-Unis.

La Chine a ainsi renforcé son influence au sein de toutes les organisations internationales : de l'OMC, dont le régime a longtemps tiré parti, à l'OMS, que le régime chinois tente de contrôler. Cette conception étroite et délétère du multilatéralisme n'a pas empêché le président Xi Jinping de constamment réaffirmer son « attachement au multilatéralisme » pour mieux se démarquer des États-Unis de Donald Trump. L'élection à la présidence de Joe Biden en 2020 devrait considérablement affaiblir cette posture du pouvoir chinois.

1. Créé en 1976, le G7 réunit les économies des pays les plus développés. La Russie y a été intégrée en 1997 avant d'en être suspendue en 2014 à la suite de la crise ukrainienne. La Chine n'en fait pas partie.

GÉOPOLITIQUE
ET STRATÉGIE EXTÉRIEURE

79

Qu'est-ce que le « rêve chinois » ?

Le « rêve chinois » est un rêve d'affirmation de puissance. En arrivant au pouvoir en 2012, le président Xi Jinping a fait du « rêve chinois de grande renaissance de la nation » son mot d'ordre. Il s'agit de renforcer sa légitimité et celle du Parti communiste et de venger le « siècle d'humiliations » subi par la puissance chinoise depuis les guerres de l'opium en prônant son retour comme puissance leader en Asie. Cette idée du rêve chinois de renaissance n'est pas nouvelle. Depuis la fin du XIXe siècle, les réformateurs chinois s'interrogent sur la meilleure manière de redonner à la Chine sa grandeur perdue.

Le « rêve chinois » de Xi Jinping fait aussi référence au concept plus ancien de *tianxia*[1], le monde dans sa globalité sur lequel l'Empereur de Chine régnait par la persuasion et la vertu. Ce concept, présenté comme l'idéal d'une paix harmonieuse, opposé par Pékin au modèle occidental de conquête et de contrôle par la force, défend en réalité le principe d'une hiérarchisation forte entre la puissance chinoise et l'ensemble de

1. Voir la question 2, « La Chine, un Empire sans frontières ? », p. 23.

ses partenaires régionaux. Cette conception explique, pour une large part, l'hostilité persistante entre la puissance chinoise et des concurrents potentiels comme l'Inde ou le Japon. Le concept de « rêve chinois » a été traduit dans une stratégie régionale d'influence beaucoup plus agressive qui suscite l'inquiétude de l'ensemble des voisins de Pékin.

Mais le rêve chinois de renaissance, tel qu'il est conçu à Pékin, est aussi un rêve irrédentiste, et la « réunification de la patrie » avec Taïwan en fait partie. Les contacts personnels et l'intégration économique entre les deux rives du détroit sont très importants, notamment depuis la signature d'un accord de coopération économique en 2010. Mais, contrairement aux espoirs de Pékin, et en dépit d'une stratégie visant à totalement isoler l'île diplomatiquement, Taïwan, indépendante de fait depuis 1949, et véritable démocratie depuis la fin des années 1980, est de moins en moins prête à accepter le principe d'une réunification avec le régime de Pékin.

En dépit de la prudence de Tsai Ying-Wen, à la tête de la République de Chine depuis 2016, l'arrivée au pouvoir d'une présidente « indépendantiste » a renforcé les tensions avec Pékin qui, de son côté, refuse de renoncer à l'éventualité d'un recours à la force pour imposer la réunification et multiplie les gesticulations militaires. Au cœur du « rêve chinois », la question de Taïwan constitue donc aussi un foyer de tensions pour la région.

80

Quelles sont aujourd'hui les ambitions maritimes de la Chine ?

Depuis 2012, la Chine a fait de sa détermination à devenir une puissance maritime de premier ordre une stratégie nationale. En 2015, le *Livre blanc* sur la stratégie militaire précisait cet objectif : « La Chine doit abandonner sa mentalité traditionnelle, qui plaçait la terre au-dessus de la mer, et comprendre l'importance de la protection de ses droits et intérêts maritimes. » La question du prestige, dans cette volonté affichée, est cruciale. Une grande puissance, selon les termes d'Alfred Mahan, que les Chinois ont beaucoup lu, ne peut être qu'une puissance maritime[1]. Cette ambition est liée à l'histoire et rejoint le discours officiel sur le siècle d'humiliation subi par la Chine. En 2005, les autorités chinoises ont célébré en grande pompe le six centième anniversaire des expéditions de l'amiral Zheng He. Cette redécouverte visait à faire oublier que la Chine n'a pas su faire face aux grandes puissances venues de la mer.

La volonté chinoise de devenir une puissance maritime et de se doter de moyens de protéger ses voies de

1. Alfred T. Mahan, stratège et historien américain, auteur de *The Influence of Sea Power upon History*, 1890.

communication sur mer est également liée au développement considérable des intérêts chinois à l'étranger. La RPC est devenue la première puissance commerciale du monde et près de 50 millions de Chinois vivent hors de Chine, sur tous les continents[1].

Pour la Chine, la puissance maritime signifie aussi une capacité de contrôle et d'interdiction accrue dans sa propre zone, qui menace le principe de liberté de circulation sur mer. Pékin considère que l'ensemble des îles et îlots situés en mer de Chine, à l'intérieur d'une première chaîne d'îles qui va des Kouriles à l'Indonésie, en passant par le Japon et les Philippines, lui reviennent de droit pour des raisons historiques. Depuis 2010, ces revendications sont qualifiées « d'intérêts vitaux » et les capacités navales et maritimes de la Chine doivent lui donner les moyens d'imposer sa souveraineté sur ces territoires.

En 2013, Pékin a déclaré en mer de Chine orientale une zone d'identification de défense aérienne (ADIZ) qui fait polémique. Au-delà, le développement des capacités navales de la Chine doit lui permettre de dissuader, puis d'interdire, toute action des États-Unis dans son environnement proche.

Résultat d'un effort constant, la Chine a accompli des progrès dans tous les domaines de la puissance maritime. Elle est devenue depuis 2010 le premier constructeur naval mondial[2]. En 2019, le trafic de containers dans les ports chinois représentait 231 millions

1. Ces statistiques sont difficiles à vérifier en raison d'une proportion non négligeable de migrants clandestins.

2. http://www.ship.sh/news, 13 août 2016.

de TEU (twenty-foot equivalent unit), en augmentation de 32 % depuis 2012. Pékin possède des intérêts dans la majorité des plus grands ports, de Gwadar au Pakistan au Pirée en Grèce, en passant par le Sri Lanka et Djibouti, où pour la première fois la RPC dispose d'une base logistique militaire à l'étranger. Le projet de route maritime de la soie accompagne ce développement considérable des intérêts maritimes vers l'océan Indien et la Méditerranée.

La marine chinoise, longtemps parente pauvre de l'APL, est – en nombre de bâtiments et de sous-marins – la deuxième dans le monde derrière celle des États-Unis et les porte-avions chinois incarnent cette puissance navale[1]. La Chine dispose aussi de la plus importante flotte de garde-côtes dans le monde, 200 bâtiments dotés de moyens de plus en plus performants.

Pourtant, en dépit de cette montée en puissance impressionnante, les capacités navales de la Chine sont encore limitées, en particulier dans l'hypothèse d'un conflit impliquant les États-Unis. La marine chinoise n'a pas et n'aura pas à moyen terme le moyen de contrôler ses voies de communication, d'interdire un éventuel blocus des approvisionnements en pétrole en provenance d'Afrique et du Moyen-Orient, ou même de remporter un éventuel conflit en mer de Chine.

1. En 2018, la Chine était dotée de deux porte-avions, un troisième est en construction. Très ambitieux, le programme prévoit la construction de six unités avant 2030. Des lacunes en matière d'aviation aéroportée pourraient limiter cette ambition.

81

Les relations avec le Japon peuvent-elles s'apaiser ?

L'histoire, et notamment le souvenir des exactions japonaises pendant la Seconde Guerre mondiale, est au cœur des tensions exacerbées entre la Chine et le Japon, d'autant plus que le Parti communiste assoit sa légitimité sur le rappel constant du passé et du rôle qu'il a joué dans la guerre antijaponaise. Soixante-dix ans après la fin de la guerre, plus de la moitié des feuilletons télévisés en Chine étaient consacrés à la guerre sino-japonaise[1]. La présence de courants révisionnistes au Japon, souvent mise en avant pour expliquer ces tensions, ne constitue pas le véritable facteur des tensions. En 2009, l'arrivée au pouvoir à Tokyo d'un gouvernement démocrate favorable à Pékin n'avait pas empêché les flambées de manifestations antijaponaises violentes en Chine.

La volonté du Japon de retrouver un statut de puissance « normale » se heurte à celle de la puissance chinoise de conserver sa suprématie diplomatico-

1. Murong Xuecun, « China's TV War on Japan », https://www.nytimes.com/2014/02/10/opinion/murong-chinas-television-war-on-japan.html, 9 février 2014.

stratégique. L'opposition absolue de la Chine à une réforme de l'ONU qui intégrerait le Japon comme membre permanent du Conseil de sécurité et remettrait de ce fait en cause son statut de « vaincu », s'explique aussi par cette volonté de contrer l'émergence du Japon sur la scène internationale. Ceci d'autant plus qu'en Asie du Sud-Est l'image du Japon est désormais très positive, jusque dans les pays qui, comme la Chine, avaient subi son occupation. Tokyo fédère autour du concept d'Indo-Pacifique libre et ouvert reposant sur le respect des règles et des valeurs communes.

Cette rivalité de puissances – et de modèles idéologiques – explique les tensions qui opposent Tokyo et Pékin, et rend illusoire tout espoir de solution pérenne en dépit d'une forte interdépendance économique. La question territoriale de l'archipel des Senkaku (îles Diaoyutai) s'est envenimée depuis 2010, la présence navale chinoise est devenue une constante dans les eaux proches de l'archipel. En 2020, en dépit de la crise du Covid-19, les forces chinoises ont été présentes 283 jours à proximité des îles Senkaku, imposant la mobilisation constante du Corps de garde-côtes japonais. Ce contentieux et la délimitation des zones économiques exclusives en mer de Chine orientale, sont dus en réalité à la volonté du régime chinois d'imposer sa supériorité en Asie.

Seul un bouleversement idéologique en Chine, qui ne ferait plus du Japon le bouc émissaire des difficultés du régime, permettrait d'apaiser durablement la situation.

82

La Chine peut-elle lâcher la Corée du Nord ?

La puissance chinoise et la Corée du Nord entretiennent des liens particuliers. Pékin dénonce le processus de nucléarisation et de fuite en avant idéologique dans lequel le régime nord-coréen s'est enfermé. Les tensions se sont accrues avec la multiplication des provocations nord-coréennes. Pour les dirigeants chinois, l'idéal serait que la Corée du Nord accepte de s'engager sur la voie des réformes à la chinoise, meilleur moyen selon eux de garantir à long terme la survie du régime et la stabilité dans la péninsule.

Le programme balistique et nucléaire que le régime nord-coréen poursuit depuis les années 1990, qui connaît une accélération depuis l'arrivée au pouvoir de Kim Jun-un, a longtemps laissé la Chine relativement indifférente. Pékin ne se sent pas directement menacée et partage avec les dirigeants nord-coréens l'idée que la force nucléaire – même minime – peut être une garantie de survie pour le régime. La RPC s'est prononcée pour une dénucléarisation de la péninsule coréenne et vote régulièrement les sanctions adoptées par le Conseil de sécurité depuis le premier essai nucléaire nord-coréen en 2006, mais elle n'a pas interrompu son soutien à Pyongyang. 90 % des échanges commerciaux de la Corée du Nord se font avec la Chine et, d'après un rapport de l'ONU publié en 2017, les trafics à partir du territoire chinois, permettant à la Corée du Nord de survivre, n'ont jamais cessé en dépit des sanctions.

La Corée du Nord est le seul pays avec lequel la Chine est liée par un traité d'amitié, d'aide et de coopération qui comporte une clause de défense mutuelle. En dépit de divergences majeures, idéologiquement, Pékin n'est pas non plus prêt à prendre les mesures qui pourraient entraîner un effondrement du régime à Pyongyang. Elle considère que le « changement de régime », arme des puissances occidentales, est une menace inacceptable et met en avant le risque d'un possible afflux de réfugiés en cas d'effondrement de la Corée du Nord.

Pékin s'inquiète surtout des conséquences stratégiques de la fuite en avant du régime nord-coréen et du renforcement des alliances de défense entre la Corée du Sud, le Japon et les États-Unis. En cas de réunification de la péninsule sous l'égide de la Corée du Sud, alliée des États-Unis, le risque serait celui d'une avancée des forces américaines jusqu'aux frontières nord-est. La Chine perdrait alors le terrain gagné grâce au sacrifice des « volontaires » chinois à la fin de la guerre de Corée. Elle juge ce recul inacceptable, ce qui justifie la préservation du régime nord-coréen, tant qu'une solution de rechange acceptable n'aura pas été trouvée. Dans ce contexte, la Chine est également prête à un « dialogue » avec les États-Unis qui lui permettrait, sans concessions réelles, de mettre en avant la coopération avec Washington en dépit des tensions.

83

Pourquoi la Chine fait-elle peur en Asie du Sud-Est ?

La Chine a longtemps bénéficié d'une image positive en Asie du Sud-Est[1]. Son dynamisme économique, les opportunités offertes par le développement des échanges et des investissements ont œuvré en faveur d'une intégration croissante avec la puissance chinoise. Ce positionnement connaît toutefois une nette évolution depuis la fin des années 2000. Abandonnant la stratégie de modestie et de prudence prônée par Deng Xiaoping, la Chine a choisi de profiter de la période d'opportunités qui s'ouvrait à elle, selon les analystes chinois, en raison de l'affaiblissement des États-Unis, pour adopter une stratégie plus offensive dans sa région. En 2010, lors d'un sommet de l'APEC (Asia Pacific Economic Cooperation) à Hanoï, le ministre chinois des Affaires étrangères Yang Jiechi a choqué l'ensemble des pays de la région en déclarant que « les petits pays devaient tenir compte des intérêts des grands pays ». Ce retour d'une Chine puissance

1. L'Asie du Sud-Est est l'espace géographique qui occupe un arc qui s'étend de la Birmanie au Vietnam et aux Philippines. Il correspond à l'organisation des pays de l'ASEAN.

dominatrice dans sa zone d'influence traditionnelle provoque une réaction de rejet, même si les intérêts économiques l'emportent pour beaucoup de pays de la région.

Depuis, Pékin multiplie les initiatives pour reconquérir le terrain perdu. Le projet de route maritime de la soie présenté en 2013 est une manière de remobiliser l'attractivité économique de la Chine pour séduire les pays d'Asie du Sud-Est. La Chine exploite également les failles qui existent au sein des pays de l'ASEAN entre les États dépendants et proches de Pékin, comme le Cambodge ou le Laos, et les États plus distants comme le Vietnam. En 2020, la Chine a également utilisé la diplomatie des masques et du vaccin, en dépit des hésitations de ses partenaires[1].

L'efficacité de la stratégie d'apaisement chinoise est réduite par ses avancées en mer de Chine du Sud. En dépit de la condamnation de la Cour internationale d'arbitrage de La Haye en 2016, Pékin continue de revendiquer la quasi-totalité de la mer de Chine du Sud à l'intérieur d'une « ligne en neuf points », qui n'a aucune existence légale, et les deux archipels des Paracels et des Spratleys qui s'y trouvent. Profitant de la faiblesse de ses partenaires, la Chine a remblayé plusieurs îlots, construit des installations militaires et mis en place des divisions administratives censées justifier son occupation. Utilisant d'une manière combinée ses flottilles de pêche, qui constituent une milice maritime, ses bâti-

1. En décembre 2020, le Premier ministre du Cambodge Hun Sen, pourtant très dépendant de la Chine, déclarait qu'il ne voulait pas que son pays devienne la « poubelle des vaccins chinois ».

ments de garde-côte et ses forces navales en appui, elle tente d'occuper le terrain et d'imposer un nouvel état de fait.

Face à cette offensive, les pays de la région cherchent ailleurs des soutiens, au Japon et aux États-Unis et jusqu'en Europe pour défendre un espace libre et ouvert.

84

Quel avenir pour les relations sino-américaines ?

Pour Pékin, la relation bilatérale avec les États-Unis domine toutes les autres. Au-delà d'une interdépendance économique qu'il faut relativiser, les États-Unis sont en effet les seuls à pouvoir freiner l'affirmation des ambitions de Pékin dans sa propre région[1]. Hostile à la stratégie du pivot vers l'Asie de l'administration Obama, dénoncée comme une stratégie de *containment* de la puissance chinoise, Pékin voulait faire accepter à Washington un « nouveau type de relations entre grandes puissances », sorte de G2 dont le premier mérite serait de reconnaître à la Chine un statut de superpuissance quasi égale des États-Unis, reléguant ainsi l'ensemble des partenaires régionaux et extrarégionaux de Pékin, y compris les alliés traditionnels des États-Unis, au second plan. L'élection de Donald Trump, après une période de flottement, a débouché sur une période de fortes tensions avec l'adoption de sanctions commerciales, l'embargo sur les transferts de fournitures stratégiques, l'adoption d'une liste noire d'entreprises liées à l'APL et une vigilance

1. Voir la question 71, « Quelle est la réalité de l'interdépendance économique entre la Chine et les États-Unis ? », p. 207.

accrue sur les programmes de recherche impliquant des chercheurs chinois. La crise du Covid-19 a aggravé ces tensions, Donald Trump dénonçant avec force le « virus chinois ». Les États-Unis ont également pris des positions fortes contre la répression à Hong Kong et les atteintes majeures aux droits de l'homme au Xinjiang. Avec l'élection de Joe Biden, dont une partie de l'équipe était présente autour du président Obama, la Chine souhaiterait que le principe de coopération, le refus des conflits et la prise en compte des « intérêts vitaux » réciproques des deux partenaires, l'emportent à nouveau.

Pékin espère aussi que les États-Unis, très touchés par l'épidémie de Covid-19, se recentrent sur les enjeux de politique intérieure et sur des enjeux globaux plus consensuels comme le climat. Toutefois, c'est la continuité dans la politique chinoise des États-Unis qui devrait l'emporter. Il existe désormais un consensus bipartisan qui voit dans l'émergence de la puissance chinoise une menace dans tous les domaines, de l'économique au stratégique.

Dès l'intronisation du nouveau président, l'équipe Biden a réaffirmé son soutien au Japon sur la question des îles Senkaku et aux Philippines sur celle de la mer de Chine du Sud. La politique de rapprochement avec la démocratie taïwanaise, inaugurée par Donald Trump, ne devrait pas être remise en cause. Plus préoccupant pour Pékin, la volonté des États-Unis de renforcer ses alliances, avec l'ensemble de leurs partenaires asiatiques mais aussi avec l'Union européenne, pourrait rendre les stratégies de division et d'influence de la Chine moins efficaces.

85

Le partenariat stratégique sino-russe est-il sans nuages ?

Les relations entre la Chine et la Russie sont marquées par la complexité et le poids de l'histoire, de l'alliance avec le « grand-frère soviétique » à l'effondrement de l'URSS, qui constitue pour les dirigeants chinois un contre-modèle absolu, en passant par le conflit idéologique qui s'est prolongé des années 1960 à la fin des années 1980.

La Chine met aujourd'hui en avant la proximité des deux puissances qui ont signé en 2012 un « partenariat stratégique global » élevé en 2019 au rang de « partenariat stratégique global pour une nouvelle ère ». La presse officielle chinoise insiste sur la solidité des fondements de ce partenariat, le caractère « gagnant-gagnant » de la coopération économique et technologique et l'approfondissement de la coordination entre Pékin et Moscou sur nombre de sujets de politique étrangère et au sein du Conseil de sécurité de l'ONU.

La Chine est désormais le premier partenaire commercial de la Russie qui est devenue l'un de ses fournisseurs majeurs d'énergie avec la signature de plusieurs accords pétroliers et gaziers. En 2019 les échanges ont atteint 110 milliards de dollars, dont 75 % d'hydrocarbure. Au niveau stratégique, la Chine et la Russie sont opposées à ce qu'elles dénoncent comme la politique d'ingérence des États-Unis et du monde occidental au proche et au Moyen-Orient. Plus concrètement, la Russie a repris ses fournitures d'armes à la Chine sans limite technologique et des exercices militaires conjoints sont régulièrement organisés entre les deux puissances.

Isolé sur la scène internationale depuis l'invasion de la Crimée et la crise en Ukraine, confronté à une politique de sanctions mise en œuvre par les États-Unis et l'Union européenne, Moscou a choisi de s'appuyer sur la Chine, se rattachant aux projets de « routes de la soie » qui s'étendent jusqu'à l'Arctique.

Mais si Pékin et Moscou ont des intérêts communs face à l'Occident, il s'agit surtout d'un partenariat de nécessité en l'absence, pour Moscou, d'alternatives ; la méfiance réciproque n'a pas disparu, fragilisant à terme cette relation. Le déséquilibre des échanges économiques est une des principales sources de frustration. Moscou n'apprécie pas d'être relégué au rang de simple fournisseur de matières premières par la Chine. Dans la zone arctique, la Russie se méfie des ambitions chinoises. Lors de l'épidémie de Covid-19, la Russie a été l'un des premiers pays à fermer ses frontières avec la Chine et Moscou apprécie peu l'activisme de Pékin en matière de vaccin vers les pays émergents.

Stratégiquement, ni Pékin ni Moscou n'acceptent de soutenir pleinement leurs revendications territoriales réciproques. La Russie ne soutient pas la Chine dans ses revendications territoriales avec l'Inde, le Vietnam, les Philippines, ni même le Japon. À ceci s'ajoute la pression démographique chinoise en Extrême-Orient qui, bien qu'elle ait été exagérée, accroît le sentiment d'asymétrie entre une puissance russe insatisfaite de son déclin, et une puissance chinoise désireuse de prendre sa revanche sur l'histoire, y compris face à Moscou.

86

Quelles sont les ambitions chinoises en Asie centrale ?

L'Asie centrale est l'un des théâtres où les tensions de la relation sino-russe peuvent s'exprimer. En 2015, Pékin et Moscou ont annoncé l'intégration des deux projets de route de la soie chinoise (BRI) et du Forum économique de l'Eurasie (Eurasian Economic Forum) piloté par la Russie, mais les avancées concrètes demeurent limitées même si on assiste à une « division du travail » entre la Russie, qui assure la sécurité, et la Chine, qui demeure focalisée sur les investissements dans une zone où la puissance russe veut préserver son influence et la Chine renforcer la sienne.

Depuis les années 2000, la puissance chinoise est devenue le premier acteur économique en Asie centrale, où la force d'attractivité de son marché et de ses capacités d'investissement joue à plein. Indépendantes depuis 1991, les Républiques d'Asie centrale ont en effet cherché à se libérer de l'emprise russe et à trouver de nouveaux débouchés pour leurs ressources naturelles. La volonté stratégique de Pékin de trouver des sources d'approvisionnement en énergie, pétrole et gaz, non dépendantes du transport par mer, a tiré cette croissance exponentielle des échanges et la Chine a joué le premier rôle dans la construction d'infrastructures réorientant les exportations des pays de la région vers l'est. La Chine est également le premier importateur d'uranium du Kazakhstan.

Dans un mouvement inverse, le projet chinois de route terrestre de la soie, présenté en 2013 par Xi Jinping lors d'une visite au Kazakhstan, vise à désenclaver les provinces chinoises de l'intérieur et à favoriser le développement du Xinjiang en en faisant une plate-forme d'exportation des produits chinois vers l'ouest. L'Asie centrale est destinée, pour Pékin, à un corridor d'infrastructures de communication entre l'Europe et la Chine.

Bien que la dimension économique domine la stratégie de la Chine pour l'Asie centrale, la sécurité n'est pas absente. La Chine joue un rôle marginal dans la stabilisation de la zone et laisse à la Russie la responsabilité principale en la matière. Toutefois, l'organisation de coopération de Shanghai (OCS), créée en 2001, est également un instrument de contrôle des « trois fléaux » qui sont pour Pékin « le séparatisme, le terrorisme et le fondamentalisme religieux ». Des exercices communs de lutte antiterroriste ont été organisés et les liens tissés avec les régimes autoritaires d'Asie centrale permettent aux autorités chinoises d'obtenir de ces pays la promesse de renoncer au soutien à la communauté ouïghoure du Xinjiang, dont ils partagent l'identité culturelle.

Comme dans le cas des relations avec la Russie, la presse chinoise met systématiquement en avant le succès de la politique chinoise en Asie centrale. Mais si la coopération au niveau des gouvernements est étroite, les pays d'Asie centrale cherchant à maximiser leurs bénéfices en multipliant les partenariats avec les grandes puissances, dont la Chine, les sentiments antichinois dans la population sont en progression. L'invasion des produits chinois sur les marchés de la région et la crainte des achats de terre par des intérêts chinois nourrissent des manifestations sporadiques qui relativisent les capacités d'action de la Chine dans la région.

87

Pourquoi la rivalité sino-indienne persiste-t-elle ?

La Chine a longtemps méprisé l'Inde, mais aujourd'hui elle s'en inquiète. Sa montée en puissance économique a été plus lente que celle de la RPC, mais la croissance indienne, 6,1 % en 2018-2019, rejoint celle de la Chine avant le coup de frein de la crise du Covid-19 en 2020. Idéologiquement, l'Inde, plus grande démocratie dans le monde, se positionne en contre-modèle face à la RPC, dernier grand régime communiste de la planète. Technologiquement, l'Inde, dans certains domaines de la high-tech, se situe pour les contenus devant la Chine.

Pékin et Delhi partagent le même attachement aux cinq principes de la coexistence pacifique, hérités de la conférence de Bandung en 1953[1]. En revanche, leurs conceptions de la multipolarité diffèrent. L'Inde se perçoit comme un pôle majeur du système mondial quand la Chine veut faire de l'Asie un pôle unique dont elle serait le centre.

1. Les cinq principes de la coexistence pacifique sont : le respect mutuel pour la souveraineté et l'intégrité territoriale, la non-agression, la non-ingérence dans les affaires intérieures, l'égalité et la coexistence pacifique.

Au-delà de ces divergences de principe, les conflits territoriaux et les enjeux de sécurité occupent une place prépondérante dans la relation sino-indienne et ne sont toujours pas résolus, en dépit du développement des échanges commerciaux. Hérité de la guerre de 1962 initiée par la RPC, le conflit territorial entre l'Inde et la Chine porte sur un territoire, occupé par la Chine, de plus de 130 000 kilomètres^2 dans l'Aksaï Chin et au Cachemire, et dans la région de l'Arnachal Pradesh, contrôlée par l'Inde. En 2020, des incidents graves ont eu lieu au Ladakh après que des soldats chinois aient franchi la ligne de démarcation. La présence du Dalaï-Lama sur le territoire indien après sa fuite en 1959 constitue un autre sujet d'irritation pour Pékin. L'Inde s'inquiète aussi de la montée en puissance des activités navales de la Chine dans l'océan Indien, qui viennent menacer la suprématie de New Delhi dans la région.

Pour l'Inde, le soutien constant de Pékin au Pakistan s'inscrit aussi dans une volonté d'affaiblissement de sa suprématie. De son côté, la Chine s'inquiète du rapprochement stratégique entre New Delhi, Tokyo et Washington, qui apparaît à ses yeux comme une coalition des « démocraties maritimes » pour contenir la Chine. La deuxième réunion du Quad s'est tenue à Tokyo en 2020 et plusieurs exercices conjoints ont eu lieu en mer de Chine et dans l'océan Indien. Autre sujet d'inquiétude, l'Inde, depuis 1998, est devenue une puissance nucléaire de fait, et New Delhi poursuit le développement de ses capacités nucléaires et balistiques pour s'approcher de la parité avec la Chine[1]. Ainsi, au mois de janvier 2017, l'Inde a procédé à deux essais de missiles intercontinentaux, défi direct à la domination stratégique chinoise dans la région.

1. L'Inde et le Pakistan ont procédé à des essais nucléaires en 1998 et New Delhi accuse Pékin d'avoir aidé Islamabad à se doter d'une capacité nucléaire. Les deux pays ne sont pas membres du TNP.

88

Qu'en est-il de l'influence de la puissance chinoise en Afrique ?

En moins de vingt ans, la Chine est devenue le premier partenaire commercial du continent africain avec des échanges qui ont atteint 208 milliards de dollars en 2019, en croissance moins forte toutefois que les années précédentes. Pékin est le premier investisseur en Afrique en 2019, les investissements ont dépassé 2 milliards de dollars. Enfin, la RPC est devenue le premier donneur d'aide à l'Afrique. Sur le plan diplomatique, elle est aussi très active, capitalisant sur des contacts anciens, qui remontent aux indépendances soutenues par le régime de Mao Zedong. Des visites importantes ont lieu à un rythme soutenu et, en 2000, la Chine a créé le Forum pour la coopération entre la Chine et l'Afrique (FOCAC) qui réunit régulièrement les chefs d'État chinois et africains. Au moment où les puissances coloniales se retiraient du continent africain, Pékin a profité des opportunités offertes pour combler le vide.

Son intérêt pour l'Afrique répond à différentes motivations. Dans les années 1990, l'un des premiers objectifs était de marginaliser Taïwan, qui avait conservé des relations diplomatiques avec plusieurs pays africains.

Cet objectif est atteint. Aujourd'hui, la République de Chine n'a plus de relations diplomatiques sur le continent qu'avec le Swaziland (Eswatini). Et si la Chine proclame que, contrairement à l'Occident, son aide est inconditionnelle, la première des conditions pour un État récipiendaire est de ne pas avoir de relations officielles avec Taïwan.

Depuis, les intérêts chinois se sont diversifiés. Le poids des États africains à l'ONU, qui représentent 54 voix, est réel dans les commissions dont les résolutions embarrassent Pékin, notamment la Commission des droits de l'homme. L'Afrique représente surtout un intérêt économique majeur pour la Chine. L'accès aux ressources énergétiques, minières et forestières est au centre de sa stratégie africaine. Dans ces secteurs, ainsi que dans celui du développement des infrastructures de transport qui sont liés, se concentre la majorité des investissements chinois, à plus de 77 %. Les programmes d'aide sont eux adossés à ces mêmes ressources qui servent au remboursement.

L'investissement de la puissance chinoise en Afrique a eu des résultats positifs pour l'ensemble du continent. De 2000 à 2016, la croissance moyenne de l'Afrique a été de 4,6 % par an et Pékin a permis de combler partiellement un fossé considérable en matière de développement des infrastructures. Selon un sondage publié en 2016, 63 % des Africains considèrent que le rôle de la Chine est positif, pour des raisons liées, à plus de 70 %, aux enjeux économiques[1].

1. http://afrobarometer.org/fr/publications/ad122-la-presence-accrue-de-la-chine-en-afrique-attire-des-appreciations-largement.

Néanmoins, la Chine est aussi confrontée à des phénomènes de rejet. L'importation massive de produits chinois de mauvaise qualité sur les marchés africains freine l'émergence d'une industrie locale, même si l'Afrique devient pour les entreprises chinoises un terrain de délocalisation de la production. Il existe en outre une migration chinoise souvent mal intégrée. Elle est estimée à un million de personnes et les Africains l'accusent d'occuper des emplois qui pourraient être remplis par eux.

Enfin, le modèle chinois en Afrique repose sur un soutien à des régimes fragiles et à des pratiques de corruption qui nuisent à l'image de la puissance chinoise.

Le risque encouru par l'Afrique est celui d'une dépendance trop exclusive à la Chine et au cours des matières premières et de l'énergie qui dépendent de la croissance chinoise. En 2015, les importations chinoises en provenance du continent africain ont chuté de plus de 43 % et les investissements chinois vers l'Afrique de 40 %. Le ralentissement de l'économie chinoise a eu des conséquences immédiates sur la croissance africaine passée sous la barre des 4 % depuis 2017.

89

L'UE est-elle un acteur important pour la puissance chinoise ?

Pour la puissance chinoise, l'Union européenne (UE) est un partenaire qui compte, mais avec lequel les relations sont extrêmement asymétriques. Alors que l'UE se présente comme une puissance d'un nouveau type, prescriptrice de normes et porteuse de valeurs plus que des instruments traditionnels de la puissance, la Chine, au contraire, se veut le défenseur d'une conception classique de la puissance des États souverains. Face à l'État chinois, l'Union européenne ne peut opposer qu'une entité plus floue, même si on assiste à l'émergence d'une « Europe puissance ».

Toutefois, Pékin insiste sur la nécessité du développement des relations entre la Chine et l'Europe. L'UE est en effet pour la Chine le premier partenaire commercial, devant les États-Unis, avec des échanges qui ont atteint 560 milliards de dollars. Et, comme pour les États-Unis, ces relations sont déficitaires pour l'UE (164 milliards de dollars en 2019). L'Europe – surtout l'Allemagne – était aussi devenue une source de transferts de haute technologie pour la Chine, dans le cadre du plan *Made in China 2025*, dont l'objectif était de rendre possible la montée en gamme de l'industrie chinoise. Toutefois, en 2019 les investissements chinois en Europe n'ont pas dépassé 19 milliards de dollars, en chute de 83 % par rapport à 2017.

En Europe, la Chine symbolise aussi les effets les plus négatifs de la globalisation, avec des échanges déséquilibrés, le contournement des règles de l'OMC et du droit de la propriété intellectuelle, et des délocalisations vers un pays qui ne respecte pas le même niveau de normes sociales et environnementales. Signe de cette méfiance croissante, en 2019, la Commission européenne a qualifié la Chine de « rival systémique » et adopté un mécanisme de contrôle des investissements dans les secteurs stratégiques. Pékin a tenté de jouer des divisions internes à l'Europe en soutenant les pays du Sud et de l'Est avec des résultats moins probants. La crise du Covid-19 et la diplomatie agressive de la Chine ont provoqué de nombreux phénomènes de rejet dans les États membres et à la Commission.

Pékin ne reconnaît pas le principe d'universalité des valeurs que l'Union européenne ambitionne de porter. Stratégiquement, l'UE, pour la Chine, ne peut jouer un rôle positif qu'en tant qu'instrument dans le cadre de la rivalité sino-américaine. Ainsi, au mois de décembre 2020, la signature par l'Union européenne d'un accord d'investissements, au contenu peu précis et sans engagement sur le travail forcé, a constitué pour Pékin une victoire diplomatique[1]. Si l'Europe refuse de jouer ce rôle, son importance pour la puissance chinoise, en dehors de la dimension économique, demeure marginale.

1. Le CAI (Comprehensive Agreement on Investment) ne pourra être ratifié en 2022 que s'il est ratifié par le Parlement européen.

90

Après la crise du Covid-19, peut-on considérer la Chine comme un acteur responsable sur la scène internationale ?

La Chine veut être reconnue comme une grande puissance et son statut de membre permanent du Conseil de sécurité de l'ONU, que Pékin a hérité de la République de Chine (Taïwan) en 1971, y contribue. En 2006, le secrétaire d'État américain Robert Zoellick faisait sensation en définissant la puissance chinoise comme un « partenaire responsable » (*responsible stakeholder*) sur la scène internationale, résultat d'une stratégie « d'engagement » de la Chine fondée sur les valeurs communes de paix et de développement. Avec l'arrivée au pouvoir de Donald Trump, Pékin a mis en avant son sens des responsabilités face à une présidence américaine plus erratique. Désormais, le président Xi Jinping parle de la nécessité d'œuvrer à la « destinée commune » de l'humanité.

Mais, au-delà du discours, la réalité de l'engagement de la puissance chinoise sur la scène internationale est beaucoup plus complexe. La Chine accepte le système international, elle a signé de nombreux traités internationaux et a su tirer pleinement parti de son adhésion à l'OMC en 2001, mais le positionnement a dorénavant changé. Les dirigeants chinois considèrent que, depuis la fin des années 2000, une nouvelle ère d'opportunités s'est ouverte, et la Chine doit en profiter pour imposer ses règles. Au nom de la « démocratisation du système international », il s'agit de reformater à son avantage un monde hérité d'un temps où seules les puissances occidentales dominaient les instances internationales.

La grille d'analyse du pouvoir chinois, en matière d'engagement, demeure donc quasi exclusivement celle de ses intérêts ou, plus précisément, des intérêts du Parti communiste. C'est sous ce prisme que l'on doit apprécier le rôle que la Chine joue sur la scène internationale. Le climat, qui constitue aussi un défi pour Pékin, est un champ d'action positif. En revanche, la Chine s'oppose à toute ingérence dans ses affaires intérieures. Elle ratifie l'UNCLOS (Convention des Nations unies sur le droit de la mer), mais elle récuse son autorité dans le conflit qui l'oppose à ses voisins en mer de Chine du Sud.

Son rôle dans la gestion des grandes crises mondiales demeure au mieux limité, au pire négatif, et toujours dépendant d'un calcul qui place la survie du régime au premier plan. En 2020, la crise dramatique du Covid-19 est venue mettre ces contradictions en évidence. Après plusieurs semaines de silence, la Chine a tout fait pour orienter un positionnement de l'OMS en sa faveur au mépris de ses responsabilités internationales et d'un coût humain et économique considérable. Son premier objectif demeure de nier toute responsabilité et de tenter d'exploiter au service du régime sa capacité de contrôle de l'épidémie.

91

Le *soft power* de la Chine est-il convaincant ?

Depuis le milieu de la décennie 2000, la puissance chinoise a décidé d'investir dans l'accroissement de son *soft power*[1]. Les sommes consacrées à cet important effort sont estimées à 10 milliards de dollars par an[2]. S'appuyant sur son attractivité économique, l'étude de la langue chinoise a été encouragé. Plus de 500 instituts Confucius ont été ouverts dans 125 pays depuis 2004. La Chine encourage également l'internationalisation de son agence de presse officielle Xinhua et de la télévision d'État CCTV. Le quotidien *China Daily*, version en anglais de la presse officielle, achète des espaces dans les grands journaux étrangers et d'immenses annonces sont projetées sur Times Square à New York. Et surtout, alors que ces réseaux sociaux sont interdits en Chine, Pékin, de ses diplomates aux « bots », a envahi la twittosphère.

---

1. Le *soft power*, ou capacité de séduction, opposé au *hard power* de la puissance militaire, est défini par Joseph Nye comme « la capacité de changer ou d'influencer les choix de l'autre par des moyens non coercitifs ».

2. Charles Liu, « China Ranks Last in Soft Power Despite Millions Spent to Buy it », *The nanfang.com*, 12 mai 2016.

Pourtant, les résultats sont limités et son attractivité repose d'abord sur les moyens économiques que l'État-Parti – qui n'est soumis à aucune contrainte démocratique – peut mobiliser. Se sont ces moyens qui favorisent l'influence de la Chine dans les pays émergents. Selon un sondage sur le *soft power* publié en 2019, la Chine se situe au 27e rang sur une échelle de 30 pays étudiés[1]. Les réactions à l'agressivité croissante du discours chinois sont nombreuses. On dénonce l'influence chinoise dans les universités étrangères et les pressions exercées. De nombreux instituts Confucius, dénoncés comme des instruments d'influence centralisés par Pékin, ont fermé aux États-Unis, en Australie et en Europe.

Alors que le *soft power* repose sur le dynamisme et la créativité de la société civile, les initiatives chinoises sont pilotées depuis le sommet de l'État et du Parti. Le département de la propagande extérieure du Parti communiste contrôle le contenu du discours et l'image de la culture chinoise qu'il souhaite projeter. Cette image reconstruite et souvent caricaturale de la « Chine éternelle » ne correspond pas aux attentes des publics étrangers. Les sujets abordés dans le cadre des instituts Confucius sont censurés et, malgré les financements généreux qui leur sont attachés, plusieurs universités et centres de recherche remettent en cause ces partenariats. Sur Twitter, les « loups combattants » se sont livrés à tous les excès lors de la pandémie de Covid-19.

Autre vecteur du *soft power*, le cinéma chinois est apprécié à l'étranger, mais les films les plus reconnus

1. https://softpower30.com/country/china/.

sont les films d'auteur, qui se situent en marge du système, et sont peu distribués en Chine : Chen Kaige (*Adieu ma concubine*, Palme d'or de Cannes 1993), Zhang Yimou (*Le Sorgho rouge*, Ours d'or de Berlin 1987) ou plus récemment Jia Zhangke (*Still Life*, Lion d'or de Venise 2006)... Un autre cinéaste, Ang Lee, taïwanais et vivant aux États-Unis, a contribué églement à cette reconnaissance internationale, avec *Crouching Tiger, Hidden Dragon* (2011). En revanche, les blockbusters, formatés pour servir l'image de la puissance chinoise à l'extérieur, comme *La Grande Muraille* (2016), réalisé par un Zhang Yimou devenu plus officiel, ne rencontrent aucun succès. Et si *Wolf Warrior* a été un succès, c'est sur le territoire chinois et en reprenant les codes du cinéma américain.

En littérature, il faut attendre 2012 pour que la Chine obtienne un prix Nobel avec Mo Yan, effaçant l'humiliation du prix Nobel précédent, attribué en 1989 à Gao Xingjian, un écrivain chinois exilé en France.

92

L'APL est-elle vraiment la deuxième armée du monde ?

Avec un budget de 178,6 milliards de dollars en 2020, en augmentation de 6,6 % en dépit de la crise du Covid-19, la Chine se situe au deuxième rang dans le monde derrière les États-Unis. Le développement des capacités de l'APL est une des priorités revendiquées par Xi Jinping. Il s'agit de faire de l'APL, composée des forces terrestres, navales et aériennes, ainsi que de la force des lanceurs, en charge des capacités balistiques et nucléaires, une armée « prête au combat », au service de la stratégie de puissance de la Chine, en la dotant de moyens plus crédibles « d'interdiction » et de dissuasion. En 2016, Xi Jinping a annoncé également la création d'une « force d'appui stratégique » en charge de la guerre cybernétique et des opérations de guerre psychologique. Cette ambition doit être servie par les réformes de l'appareil militaire annoncées en 2015 à l'occasion de la grande parade organisée pour célébrer le soixante-dixième anniversaire de la fin de la Seconde Guerre mondiale. Avec des effectifs moins nombreux (deux millions d'hommes), mais plus qualifiés, la Chine veut se doter d'une armée « moderne » à l'horizon 2035.

Mais si le président chinois affirme avec plus de force ces ambitions chinoises dans le domaine militaire, les efforts accomplis pour développer les capacités militaires de la Chine ne sont pas nouveaux. Dès le milieu des années 1980, Deng Xiaoping a décidé de réduire progressivement les effectifs pléthoriques, supérieurs à 5 millions d'hommes, hérités de la période maoïste, pour se concentrer sur l'amélioration des capacités. En 1991, la première guerre du Golfe a été un vrai choc pour les stratèges chinois, qui ont pris conscience de leur immense retard technologique.

Pour développer ses capacités, la Chine prône une intégration croissante entre industrie civile et militaire, afin de bénéficier des synergies existant entre les deux secteurs et des possibilités de coopération scientifique et technologique avec l'étranger. Xi Jinping est à la tête de la Commission centrale pour le développement de la fusion civilo-militaire établie en 2017.

Après plus de vingt-cinq ans d'efforts continus, Pékin a accompli des progrès considérables en matière de défense, notamment dans des secteurs comme la marine et les forces aériennes. Toutefois, la question de la capacité à traduire ces moyens nouveaux en capacités à combattre, alors que la Chine n'a aucune expérience de conflits depuis 1979, quand la « leçon » donnée au Vietnam s'est traduite par une semi-défaite, n'est pas résolue. Quels que soient les progrès accomplis, les forces conventionnelles de l'APL sont encore loin de pouvoir rivaliser, en cas de conflit sérieux, avec celles des États-Unis, garants de la sécurité en Asie, ou même du Japon. En revanche, la Chine dispose d'une capacité nucléaire et balistique dissuasive et pleinement intégrée à sa stratégie d'intimidation et d'interdiction. C'est là que se situe la véritable puissance militaire de la Chine, même si là encore la parité avec les États-Unis est loin d'être atteinte.

93

Que signifient les tensions avec Taïwan ?

L'élection de Tsai Ing-wen à la présidence de la République de Taïwan en 2016, puis sa réélection triomphale en pleine épidémie de Covid-19 en 2020, a initié à Pékin une reprise de la stratégie de la tension. Dans le cadre d'une démocratie taïwanaise pleinement fonctionnelle, y compris en matière d'alternance politique, Tsai Ing-wen, première femme à être élue à la présidence de la République dans le monde chinois, a succédé à Ma Ying-Jeou, dont le parti du Kuomintang[1] plaide en faveur de relations « apaisées » avec la Chine et soutien le « consensus de 1992 », qui reconnaît le principe d'une seule Chine, sans définir précisément quelle est cette Chine.

Le DPP « indépendantiste », soutient de Mme Tsai, n'est pas favorable à une déclaration d'indépendance qui donnerait le prétexte à Pékin d'une éventuelle intervention militaire. Le *statu quo* est en effet l'option raisonnable partagée dans sa très grande majorité par la population taïwanaise et par la présidente de la République. Cette dernière, en revanche, refuse

1. Voir la question 10, « Qui était vraiment Chiang Kai-shek ? », p. 41.

de réaffirmer son adhésion au consensus de 1992 et considère que l'avenir de Taïwan doit être décidé par les Taïwanais eux-mêmes, démocratiquement consultés. La grande force de Taïwan face à la République populaire de Chine est en effet d'offrir un modèle et une alternative démocratique en pointe sur les évolutions politiques et sociétales. Taïwan est la première grande démocratie d'Asie à avoir autorisé le mariage gay.

Dans le même temps, la Chine de Xi Jinping a choisi le retour à une forme de totalitarisme. Le choix de la répression à Hong Kong, dès le milieu des années 2010, et l'adoption d'une loi de sécurité nationale imposée par Pékin, a vidé de tout son sens le discours officiel de la RPC sur « un pays, deux systèmes » censé convaincre Taïwan de l'innocuité d'une unification avec la Chine.

La défaite humiliante du candidat du Kuomintang, soutenu par Pékin lors des élections de 2020, a renforcé la volonté de Xi Jinping d'affirmer la puissance de la Chine et du Parti communiste chinois face au modèle taïwanais.

Mais Taïwan, indépendant de fait, n'est pas Hong Kong. Aucune loi ne peut y être imposée de l'extérieur et l'identité chinoise est de plus en plus rejetée. Pour un régime chinois qui recherche la légitimité dans un nationalisme exacerbé et qui fonctionne avec les concepts de vengeance et d'humiliation, faire plier Taïwan pourrait être une tentation forte. La RPC n'a en effet jamais renoncé au recours à la force pour imposer la « réunification de la patrie ».

La crise du Covid-19 a mis en évidence les succès sanitaires et économiques de Taïwan en 2020[1], et a souligné l'absurdité des vetos chinois à toute représentation de l'île dans les instances internationales, y compris l'OMS.

La Chine multiplie donc les manœuvres et les exercices aériens aux abords de l'île, pénétrant parfois dans son espace aérien. Il s'agit aussi de tester la nouvelle administration américaine qui, avec l'arrivée au pouvoir de Joe Biden, réaffirme la volonté de poursuivre la politique de resserrement des liens avec la démocratie taïwanaise suivie par Donald Trump.

1. À la fin de l'année 2020, le nombre de morts de la Covid-19 à Taïwan ne dépassait pas 700 et la croissance a été de 2,98 %, supérieure à la croissance chinoise.

94

Quelle est la stratégie chinoise de guerre hybride asymétrique ?

Pour compenser un déficit persistant de capacité militaire, la Chine met en œuvre une stratégie asymétrique dont l'objectif, dans l'idéal, serait de remporter la victoire sans avoir à combattre un adversaire très supérieur, selon les principes de la stratégie chinoise classique[1]. Cette stratégie de coercition et d'interdiction est orientée vers les États-Unis et leurs alliés en Asie. Elle vise à augmenter la marge de manœuvre du régime chinois pour atteindre ses objectifs de domination régionale, sans attendre de disposer des moyens qui permettraient à l'APL de s'imposer militairement face à la puissance américaine.

Cette stratégie asymétrique repose entre autres sur le concept des « trois guerres[2] » qui recouvre la guerre de propagande, la guerre psychologique et la guerre juridique et la mobilisation coordonnée de moyens civils et militaires complémentaires[3]. Dans le

1. Valérie Niquet, *L'Art de la guerre de Sun Zi*, traduction et présentation, Paris, Economica, 2012.

2. *San zhan* (三站).

3. Ce principe a été théorisé dans un ouvrage initialement publié en Chine en 1999 par deux officiers supérieurs. Traduction française :

cadre des tensions en mer de Chine, Pékin a utilisé ces moyens contre les Philippines, le Japon ou plus récemment l'Australie en mettant en place des embargos officieux sur les terres rares, les fruits, le charbon ou le vin. En 2013, la proclamation en mer de Chine orientale d'une zone d'identification aérienne (ADIZ) entre dans le cadre de la guerre juridique qui vise à imposer unilatéralement la définition chinoise de son espace territorial.

Face aux États-Unis, la guerre asymétrique revêt d'autres formes. Pékin a théorisé le concept de « nœuds de puissances » qui sont aussi les principaux « nœuds de faiblesse » d'un adversaire ultra-dépendant des réseaux de communication. La guerre cybernétique et la guerre spatiale reposent sur cette stratégie du faible au fort. Mais l'efficacité dissuasive et coercitive de la guerre asymétrique repose aussi sur des capacités plus tangibles, que la Chine développe avec constance depuis la fin des années 1980. La stratégie disruptive de Donald Trump est venue mettre un coup d'arrêt aux avantages que la Chine pouvait tirer de son attractivité commerciale, entraînant une prise de conscience poursuivie par l'administration Biden.

Wang Xiangsui, Lian Qiao, *La Guerre hors limite*, Paris, Rivages, 2006.
La guerre juridique désigne l'exploitation et la redéfinition par la Chine du droit international pour étayer ses revendications.

95

La Chine est-elle une puissance nucléaire responsable ?

Mao Zedong a qualifié la bombe atomique de « tigre de papier », mais c'est lui qui a doté la RPC de cette capacité, jugée indispensable face aux superpuissances américaine et soviétique. La Chine est devenue une puissance nucléaire depuis 1964, date de son premier essai, et appartient au club fermé des cinq puissances nucléaires officielles au sein du TNP (traité de non-prolifération)[1].

Depuis, elle n'a eu de cesse de renforcer la crédibilité de ses capacités nucléaires et balistiques, l'objectif étant de disposer d'une force de dissuasion « limitée mais suffisante ». Toutefois, son arsenal nucléaire demeure opaque, et Pékin refuse toute transparence en la matière. Les stratèges chinois considèrent que le secret sur le nombre réel et le positionnement des têtes nucléaires est essentiel pour préserver l'efficacité de ces moyens face aux États-Unis et à la Russie.

On sait toutefois que Pékin dispose d'une capacité limitée de seconde frappe en l'absence d'une force

1. Les cinq puissances nucléaires officielles reconnues au sein du TNP sont les États-Unis, la Russie, la France, la Grande-Bretagne et la Chine.

sous-marine réellement opérationnelle. Ses missiles balistiques terrestres, en revanche, lui permettent d'atteindre les États-Unis et l'ensemble de ses voisins, dont l'Inde, le Japon, la Corée du Sud ou Taïwan.

La Chine met en avant la spécificité de sa doctrine nucléaire, présentée comme strictement défensive et fondée sur le double principe du non-usage en premier et du non-usage face à un État ou à un groupe d'États non nucléaires, et se prononce pour l'interdiction totale et la destruction des stocks d'armes nucléaires. Mais, derrière cette position de principe vertueuse, la réalité est moins claire. Les capacités nucléaires, en toile de fond, contribuent à renforcer sa capacité de coercition et d'interdiction. En 2005, un général chinois a ainsi déclaré que, en cas de frappes américaines sur le territoire chinois avec des armes conventionnelles de haute précision, « la Chine était prête à détruire plusieurs centaines de villes aux États-Unis ».

Si la Chine s'est engagée en faveur de la non-prolifération nucléaire, après avoir contribué directement ou indirectement au développement des capacités d'États problématiques comme le Pakistan ou la Libye, elle refuse toujours un processus de contrôle des armements qui aboutirait à une réduction de son arsenal. Pour Pékin, ce processus ne pourra être amorcé que lorsque le fossé capacitaire aura été comblé avec les deux superpuissances nucléaires que sont la Russie et les États-Unis[1]. Pékin refuse également d'intégrer les négociations sur l'interdiction des missiles nucléaires intermédiaires en arguant de la faiblesse de son arsenal.

1. Comme les États-Unis, la Chine a signé mais non ratifié le Traité d'interdiction complet des essais nucléaires (TICE).

96

La Chine sera-t-elle demain une véritable superpuissance ?

La Chine a l'ambition et de nombreux atouts pour devenir une superpuissance. En quelques dizaines d'années, elle a comblé le retard accumulé pendant la période d'errements politiques qui a suivi la prise de pouvoir par le Parti communiste en 1949. D'ores et déjà, elle possède en partie les attributs de la puissance économique, militaire et diplomatique. Pourtant, elle souffre d'un handicap, qui pourrait remettre en cause les progrès accomplis. Ce handicap repose sur l'idée que, si la Chine doit s'ouvrir pour se moderniser et se développer, elle doit aussi préserver la nature de son système politique. Ce refus de changement politique avait déjà brisé l'élan réformiste qui aurait pu s'imposer dans les dernières années de l'Empire, à la fin du XIXe siècle. Aujourd'hui, il risque d'interrompre la montée en puissance d'un régime dont la priorité est d'assurer sa survie.

En se tournant vers un passé de grandeur idéalisée, la Chine du XXIe siècle a construit son rêve de puissance, conçu comme la capacité de venger une humiliation historique. Ce faisant, elle se montre incapable de se tourner vers l'avenir pour se doter des moyens de la puissance adaptés au monde du XXIe siècle fondé aussi sur les valeurs et le *soft power*. Ce repli sur le passé est accentué par un sentiment d'urgence qui s'est emparé du pouvoir chinois, derrière les apparences de l'assurance.

La principale source du pouvoir d'attraction de la Chine réside dans sa puissance économique et financière, dont elle peut jouer sur tous les continents. Avec le ralentissement de l'économie chinoise, cet avantage se révèle fragile. L'image d'efficacité et de puissance incontournable que projette la Chine est remise en cause et, si le roi n'est pas nu, ses habits se révèlent moins brillants. La pandémie de Covid-19, apparue à Wuhan au mois de décembre 2019, a permis à la Chine de mettre en avant son « efficacité » mais a aussi mis en évidence les faiblesses intrinsèques du système politique chinois.

Sur la scène internationale, la Chine est toujours très isolée. Nonobstant des dizaines de « partenariats stratégiques », elle n'a pas d'alliés en dehors du Pakistan ou de la Corée du Nord. Elle veut être traitée comme un acteur majeur, mais son engagement demeure limité. La présidence tournée vers les États-Unis de Donald Trump lui a permis de se poser en championne du multilatéralisme mais l'agressivité de sa stratégie extérieure et de sa diplomatie est venue contredire ce positionnement.

En matière de normes, la Chine – qui a renoncé à exporter le maoïsme et la révolution – a peu à offrir en dehors de la non-ingérence et du rejet de la domination occidentale, et ses préoccupations fondamentales demeurent avant tout tournées vers ses propres intérêts. Tant qu'elle n'aura pas surmonté ses handicaps, au prix sans doute d'une évolution acceptée, si ce n'est d'un changement de régime, elle ne pourra s'imposer comme la superpuissance du XXIe siècle, et encore moins dans sa région, où le retour à un passé sino-centré ne constitue en rien une option acceptable.

97

La pandémie mondiale de Covid-19 témoigne-t-elle d'un « mal chinois » ?

Les premiers cas connus de Covid-19 sont apparus en Chine, à Wuhan, autour d'un marché aux animaux vivants, au mois de décembre 2019. Dès la fin de ce même mois, des médecins lançaient l'alerte sur les réseaux sociaux au sujet d'une nouvelle pneumonie de type SARS hautement contagieuse. En dépit de ces avertissements, la première réaction des autorités locales, mais aussi des autorités centrales, a été de minimiser la portée de cette nouvelle épidémie et son degré de contagiosité. Les lanceurs d'alertes ont été convoqués par la police pour diffusion de rumeurs susceptibles de troubler l'ordre public.

Le marché aux animaux vivants a été fermé et désinfecté mais, dans le même temps, les autorités de Wuhan laissaient s'organiser un banquet géant de plusieurs milliers de personnes. Sans feu vert des autorités centrales, la diffusion de l'information était interdite. Ça n'est que le 25 janvier qu'un confinement strict de la ville de Wuhan sera décrété.

Le 12 janvier 2020, le laboratoire de Shanghai qui avait le premier partagé le séquençage du génome de la Covid-19 sera fermé pour « rectification », coupable d'avoir diffusé une information essentielle sans autorisation du pouvoir central.

Le 22 janvier, une première mission limitée de l'OMS a conclu, sur information des équipes chinoises, à une probable transmission humaine nécessitant toutefois de nouvelles études. Le 23 janvier, un comité d'urgence de l'OMS, à la demande de la Chine, a refusé de classer la pandémie comme une urgence de santé publique internationale. En visite en Chine le 28 janvier, le docteur Tedros, directeur de l'OMS, dont la nomination avait été appuyée par Pékin, a vanté la qualité de la réponse chinoise face à l'épidémie.

Le 31 janvier, alors que plusieurs millions de personnes avaient quitté Wuhan avant le couvre-feu, l'OMS se prononçait contre la fermeture des frontières avec la Chine. L'état de pandémie mondiale ne sera déclaré que le 10 février 2020.

La chronologie des événements met en évidence des dysfonctionnements directement liés à la nature du système politique chinois, responsable de la flambée incontrôlée de la pandémie à l'échelle mondiale. Dans un système non transparent, sans véritable système légal et corrompu, le contrôle des règles d'hygiène dans les marchés, les élevages ou les laboratoires de recherche est imparfait, ouvrant la voie à des contaminations croisées, comme pour le SARS en 2003 ou la Covid-19 en 2019.

Comme c'est la règle en République populaire de Chine, la volonté de contrôle de l'information l'a emporté sur la nécessité d'informer et de prendre en compte au plus vite cette nouvelle épidémie. L'absence de presse libre et la stratégie de répression renforcée mise en place par Xi Jinping depuis son arrivée au pouvoir n'ont pas permis de dénoncer les éléments qui ont pu favoriser l'apparition et la diffusion du virus. Plus d'un an après le début de l'épidémie, au mois de janvier 2021, la Chine n'a pas accepté que la mission de l'OMS ait un accès direct non filtré à toutes les informations nécessaires.

Dans le même temps, alors que la Chine est au cœur des échanges mondiaux liés à la globalisation, la non-fermeture des frontières, soutenue dans un premier temps par une OMS trop complaisante, a contribué à la diffusion rapide de la pandémie. Pour des raisons de fierté nationale – qui touche à l'honneur de la Chine et à la légitimité du Parti communiste –, les autorités chinoises ont rejeté tout contrôle discriminant, imposant leur position à une OMS où, comme dans beaucoup d'organisations internationales, la Chine a renforcé son influence en s'appuyant sur un réseau de pays amis. Enfin, en dépit de la gravité des enjeux, les missions de l'OMS ont été systématiquement retardées et contrôlées par les autorités, limitant les possibilités d'aboutir à une conclusion qui irait contre la thèse de l'origine extérieure du virus du Covid-19.

À tous les niveaux de diffusion d'informations vitales, en Chine même et dans le reste du monde, les autorités ont donc choisi de privilégier les intérêts de l'État-Parti et le contrôle des risques qui pourraient peser sur sa survie et celle de ses dirigeants plutôt que ceux de l'humanité. À ce titre, le virus du Covid-19, comme le SARS, témoigne d'un « mal chinois » lié à la nature du système politique, qui pourrait, à partir des mêmes causes, produire les mêmes effets.

RELATIONS FRANCO-CHINOISES

98

Quel est le poids de l'histoire dans les relations franco-chinoises ?

En 1964, la France, contre l'avis des États-Unis, a été la première grande puissance occidentale à établir des relations diplomatiques complètes avec la RPC[1]. Dans un discours prononcé à cette occasion, le général de Gaulle insistait sur le pragmatisme de sa décision en déclarant : « Il faut reconnaître le monde tel qu'il est… La Chine, avant d'être communiste, est la Chine. » Cette reconnaissance, constamment mise en avant par Pékin pour distinguer la relation franco-chinoise, s'inscrivait dans un contexte qui avait peu à voir avec la Chine elle-même. Pour Mao, en pleine rupture sino-soviétique, il fallait trouver de nouveaux partenariats. Pour De Gaulle, il s'agissait à bon compte – la Chine n'étant pas à l'époque une puissance majeure – d'imposer sa vision d'une « troisième voie » entre Washington et Moscou, et d'exprimer son indépendance à l'égard des États-Unis pour affirmer la place et la singularité de la France en Europe et dans le monde.

---

1. En Europe, l'Autriche, le Danemark, la Finlande, la Grande-Bretagne, la Suède et la Suisse ont reconnu la RPC dès sa fondation, mais sans échanger d'ambassadeurs.

Il existe en France une longue tradition de fascination pour la Chine, des philosophes du XVIIIe siècle aux maoïstes des années 1960, en passant par une riche école sinologique qui s'est épanouie à la fin du XIXe siècle. Mais très souvent, la connaissance du système chinois contemporain demeure limitée.

Pour la RPC, cette reconnaissance a été élevée au rang d'acte fondateur, qui permet de présenter la relation franco-chinoise comme le modèle normatif de ce qui constitue une relation harmonieuse dans un monde multipolaire. On attend de la France, « vieille amie de la Chine », qu'elle continue de jouer son rôle de perturbateur de l'ordre « atlantiste ». Pourtant, depuis 1964, l'organisation du monde et les rapports de force ont été bouleversés et, entre Pékin et Paris, en dépit du rappel constant de l'acte fondateur du général de Gaulle, les déceptions se sont accumulées.

Après la répression du mouvement démocratique place Tiananmen à Pékin en 1989, la France a servi d'asile aux dissidents en fuite. En 2020, la France a dénoncé les très graves violations des droits de l'homme à Hong Kong et au Xinjiang. La Chine est présentée d'abord comme un rival systémique et la stratégie indo-pacifique de la France se veut aussi une riposte à l'activisme de Pékin. Avec la montée en puissance de la Chine, le rôle déstabilisateur de Pékin dans le système international apparaît plus clairement et l'opinion publique en France a profondément évolué, dans un sens nettement moins favorable au régime chinois. En 2020, la diplomatie très agressive de « loup combattant » mise en place par Pékin a contribué à aggraver les tensions.

99

Peut-on rééquilibrer les relations économiques ?

Le déséquilibre des relations économiques est un sujet de contentieux majeur entre la Chine et la France. Le déficit commercial avec la RPC est le plus important pour la France. Il a atteint, en 2018, 35 milliards de dollars, soit près de 50 % des échanges. En 2019, la Chine était le 7e client de la France, absorbant 4,2 % de ses exportations devant la Suisse (3,6 %). La RPC est en revanche le deuxième fournisseur de la France. La part de marché de la France en Chine n'est que de 1,4 % alors que celle de la Chine en France est de 9 %.

Les opportunités offertes par le marché chinois sont toujours présentes. Toutefois, la question de l'accès à ce marché et de la réciprocité – également traitée au niveau de l'UE – est loin d'être résolue. Du côté français, les échanges avec la Chine demeurent structurés par de grands contrats soutenus par l'État dans les secteurs des transports (aérospatial) et de l'énergie (nucléaire). Outre la fragilité de ce type d'échanges en cas de refroidissement des relations, ils irriguent peu l'ensemble du tissu économique français.

Paris est favorable au développement des investissements chinois en France pour rééquilibrer les échanges. En incluant Hong Kong, le stock des investissements chinois a atteint 6 milliards de dollars en 2018, principalement dans les secteurs de l'hôtellerie, des galeries marchandes, des vignobles et des terres agricoles.

Comme dans le reste de l'Europe, des voix se sont élevées du côté français pour demander un contrôle des investissements chinois dans le secteur sensible des technologies de pointe. De leur côté, les 1 600 entreprises françaises installées en Chine sont toujours en attente d'un accès facilité au marché chinois, y compris dans le secteur des services.

Poussé par la France pour ouvrir le secteur des services, l'accord d'investissements croisés UE-Chine signé au mois de décembre 2020 comporte beaucoup de lacunes. On constate dans les relations avec la puissance chinoise une attitude moins conciliante et moins naïve qui s'apparente à une forme de fin des illusions. Les investissements chinois en France se sont révélés décevants ou potentiellement problématiques dans les secteurs sensibles comme celui de la 5G et d'autres secteurs de pointe. Surtout, loin d'apparaître comme une manne inépuisable pouvant « sauver » des entreprises françaises, nombre d'investisseurs chinois, dont la solidité avait été mal évaluée par leurs partenaires français, se sont révélés fragiles pour des raisons économiques ou politiques. HNA, partenaire de France-Pierres a été déclaré en faillite au mois de janvier 2021. Le président de Fosun, partenaire du Club Med, a, comme d'autres patrons chinois, disparu pendant de longs mois. Huawei a inauguré en 2021 une usine de production en Alsace, promettant un investissement de 200 millions d'euros et la création de 300 emplois, mais, au dernier trimestre 2020, frappées par les sanctions technologiques américaines, les ventes se sont effondrées de 44 %.

En 2019, la compagnie chinoise CASIL a revendu les parts qu'elle détenait dans l'aéroport de Toulouse sans y avoir effectué les investissements prévus. Autre exemple, en 2018, la société chinoise Synutral abandonnait son usine de lait en Bretagne avec plusieurs mois de salaires impayés.

De son côté, la France fait aujourd'hui preuve d'une très grande prudence pour tout ce qui concerne les technologies de pointe, dont les caractéristiques duales permettent de les appliquer au secteur militaire ou civil. En 2020, l'arrêt du projet de vente des chantiers de l'Atlantique à Fincantieri s'explique aussi par la crainte de voir la Chine, qui détient des parts de l'entreprise italienne, mettre la main sur des technologies sensibles. Le plan *Made in China 2025* mentionne en effet spécifiquement la construction navale comme une priorité.

En 2020, la France a durci ses procédures de contrôle des investissements étrangers dans des secteurs stratégiques. Si cette loi ne concerne pas spécifiquement la Chine, elle répond aux risques de pillage technologique au service du développement des capacités civiles ou militaires d'un régime non transparent. De même, dans le secteur de la 5G, les règles imposées limitent les opportunités de l'entreprise Huawei pour implanter ses réseaux sur le territoire français, même si, contrairement à d'autres pays, elles ne l'excluent pas totalement. En 2020, la crise du Covid-19 et son coût humain et économique dramatique ont renforcé la position de ceux qui plaident pour une réduction de notre dépendance industrielle à la puissance chinoise et une plus grande vigilance face aux initiatives de Pékin.

100

Quel avenir pour le partenariat stratégique entre la France et la puissance chinoise ?

Depuis 2004, la France et la Chine sont liées par un « partenariat stratégique global », nourri par de multiples rencontres et par un « dialogue stratégique franco-chinois » qui concrétise, selon les termes diplomatiques, le « niveau exceptionnel de cette relation ». Pour le président Chirac, dans une déclaration de 2006, ce partenariat global place la Chine « au cœur de la politique extérieure de la France ». Pour Emmanuel Macron, l'équilibre s'est modifié, la réciprocité est une priorité, même si la puissance chinoise demeure un partenaire incontournable sur des sujets comme le changement climatique.

Les deux partenaires ont longtemps mis en avant une « communauté de valeurs » fondée sur l'attachement à une vision multipolaire du monde, une opposition aux politiques de puissance et un attachement au rôle central de l'ONU. Pour la Chine, la France est une puissance qui compte, en raison notamment de son statut de membre permanent du Conseil de sécurité de l'ONU, et Pékin encourage le concept « d'autonomie stratégique » qui peut lui permettre de poursuivre un jeu de division avec les États-Unis. Pourtant, en dépit du rappel constant d'éléments qui plaident en faveur d'un approfondissement du partenariat stratégique entre la France et la Chine, les points de divergence sont de plus en plus présents.

Pékin insiste sur le caractère « gagnant-gagnant » de ce partenariat, mais c'est la dimension asymétrique des attentes qui s'impose dans la relation. Pour la France, la thématique de la réciprocité, longtemps oubliée, s'impose désormais dans tous les domaines et Paris souligne que l'objectif d'un « dialogue confiant » avec la Chine est bien de « favoriser l'évolution du pays vers un modèle de développement durable fondé sur l'état de droit ». Cette vision « évolutionniste » du régime chinois est au contraire totalement rejetée par Pékin.

Paris met en avant la concertation sur les grands sujets globaux et les crises régionales, mais – en dehors de la question climatique – les divergences l'emportent. La stratégie de défense française en Indo-Pacifique, publiée en 2020, souligne « l'incertitude profonde sur les implications de l'action chinoise[1] ». Sur les crises régionales, la France et la Chine ont adopté des positions divergentes sur les Printemps arabes, la Syrie ou le rôle de la Russie. Et Paris a condamné fermement la répression accrue à Hong Kong et au Xinjiang.

Pour Pékin, la relation idéale, caractéristique d'un véritable partenariat stratégique suppose trois éléments qui sont le « respect mutuel », entendu d'abord comme le respect des intérêts fondamentaux de Pékin, une

1. « La stratégie de défense française en Indo-Pacifique », ministère des Armées, DICOD, 2020.

« vision stratégique de long terme », qui ne prenne pas en compte les sujets concrets de tension, et une « gestion correcte des différences » qui place le dialogue avant l'exigence de résultats. Dans le cas de la France, il convient d'ajouter le respect de la continuité des « idées gaullistes » sur le plan diplomatique, autrement dit un positionnement anti-atlantiste. Si Paris s'est, dans le passé, conformé à ces attentes, c'est de moins en moins le cas. Et si le dialogue stratégique entre la France et la Chine peut et doit se poursuivre, il n'implique pas l'approfondissement sans conditions d'un partenariat stratégique qui a montré ses limites.

Bibliographie

BILLIOUD, Sébastien, THORAVAL, Joël, *Le Sage et le Peuple. Le renouveau confucéen en Chine*, Paris, CNRS Éditions, 2014.

BONNIN, Michel, *Génération perdue. Le mouvement d'envoi des jeunes instruits à la campagne en Chine (1968-1980)*, Paris, Éditions de l'EHESS, 2004.

BOUGON, François, *La Chine sous contrôle. Tiananmen, 1989-2019*, Paris, Seuil, 2019.

–, *Hong Kong, l'insoumise. De la perle de l'Orient à l'emprise chinoise*, Paris, Tallandier, 2020.

CABESTAN, Jean-Pierre, *Le Système politique chinois. Un nouvel équilibre autoritaire*, Paris, Les Presses de Sciences Po, 2014.

–, *Demain la Chine : démocratie ou dictature ?*, Paris, Gallimard, 2021.

CHENG, Anne, *Histoire de la pensée chinoise*, Paris, Seuil, 1997 ; « Points », 2014.

DIKÖTTER, Frank, *Mao's Great Famine. The History of China's Most Devastating Catastrophe (1958-1962)*, New York, Walker & Co, 2010.

–, *The Tragedy of Liberation. A History of the Chinese Liberation (1945-1957)*, Londres, Bloomsbury Publishing, 2015.

–, *The Cultural Revolution. A People's History (1962-1976)*, Londres, Bloomsbury Publishing, 2016.

DUCHÂTEL, Mathieu, ZYLBERMAN, Joris, *Les Nouveaux Communistes chinois*, Paris, Armand Colin, 2012.

EKMAN, Alice, *Rouge vif. L'idéal communiste chinois*, Paris, Éditions de l'Observatoire, 2020.

FAIRBANK, John, *Histoire de la Chine. Des origines à nos jours*, Paris, Tallandier, 2013.

FRENCH, Howard, *Everything Under the Heavens. How the Past Helps Shape China's Push for Global Power*, New York, Knopf, 2016.

LE CORRE, Philippe, SEPULCHRE, Alain, *China's Offensive in Europe*, Washington, Brookings Institution Press, 2016.

MALOVIC, Dorian, *China Love. Comment s'aiment les chinois*, Paris, Tallandier, 2016.

NIQUET, Valérie, *L'Art de la guerre de Sun Zi*, traduction et édition critique, Paris, Economica, 1998.

–, *Le Japon en 100 questions. Un modèle en déclin ?*, Paris, Tallandier, 2020.

PEI, Minxin, *China's Crony Capitalism. The Dynamics of Regime Decay*, Cambridge, Harvard University Press, 2016.

PILLSBURY, Michael, *The Hundred-Year Marathon. China's Secret Tragedy to Replace America as the Global Superpower*, New York, Henry Holt & Co, 2015.

ROBERTS, Sean R., *The War on the Uyghurs. China's International Campaign Against Muslim Minority*, Princeton, Princeton University Press, 2020.

ROLLAND, Nadège, *China's Eurasian Century? Political and Strategic Implications of the Belt and Road Initiative*, Seattle, NBR Editions, 2017.

STARR, S. Frederick (éd.), *Xinjiang. China's Muslim Borderland*, Abingdon-on-Thames, Routledge, 2004.

WANG, Alain, *Les Chinois*, Paris, Tallandier, 2016.

Table

ÉCONOMIE

GÉOPOLITIQUE ET STRATÉGIE EXTÉRIEURE

RELATIONS FRANCO-CHINOISES

Réalisation : Nord Compo à Villeneuve-d'Ascq

Achevé d'imprimer en décembre 2021
par Normandie Roto Impression s.a.s.
61250 Lonrai (Orne)
N° d'imprimeur : 2106303
Dépôt légal : juin 2021
ISBN : 979-10-210-4893-5
Numéro d'édition : 4596-2
Imprimé en France